Hans-Josef Klauck

KONFLIKT UND VERSÖHNUNG

Hans-Josef Klauck

KONFLIKT UND VERSÖHNUNG

Christsein
nach dem zweiten Korintherbrief

echter

Die Deutsche Bibliothek – CIP-Einheitsaufnahme

Klauck, Hans-Josef:
Konflikt und Versöhnung : Christsein nach dem zweiten
Korintherbrief / Hans-Josef Klauck. – Würzburg : Echter, 1995
 ISBN 3-429-01652-5

© 1995 Echter Verlag Würzburg
Umschlag: Ernst Loew
Gesamtherstellung: Echter Würzburg
Fränkische Gesellschaftsdruckerei und Verlag GmbH
ISBN 3-429-01652-5

Inhalt

Vorwort 7

DAS VERSÖHNUNGSSCHREIBEN I

1. Ein unscheinbarer Beginn (2 Kor 1,1–2) 11
2. Gemeinschaft in Tröstung und Leid (2 Kor 1,3–7) 15
3. In ausweisloser Lage (2 Kor 1,8–11) 18
4. Ärger mit den Reiseplänen (2 Kor 1,15–20) 21
5. Konfliktbewältigung (2 Kor 2,5–11) 24

DIE APOLOGIE

6. Kühne Bilder (2 Kor 2,14–17) 29
7. Ein Empfehlungsschreiben (2 Kor 3,1–3) 32
8. Dienst im alten und neuen Bund (2 Kor 3,6–9) ... 35
9. Das Ende einer Maskerade? (2 Kor 3,12–16) 38
10. Verwandlungen (2 Kor 3,18) 41
11. Lichteffekte (2 Kor 4,5–6) 43
12. Vorsicht: zerbrechlich! (2 Kor 4,7–10) 46
13. Eine Dankliturgie (2 Kor 4,13–15) 49
14. Schwarzweißmalerei? (2 Kor 4,16–18) 52
15. Vom Erdenzelt zum Himmelshaus (2 Kor 5,1–5) . 55
16. Verbannung und Heimkehr (2 Kor 5,6–10) 58
17. Ein Zwischenspiel (2 Kor 5,11–15) 61
18. Neuheitserlebnisse (2 Kor 5,16–17) 65
19. Ein versöhnliches Wort (2 Kor 5,18–21) 68
20. Ausweiskontrolle (2 Kor 6,3–10) 71
21. Wes' das Herz voll ist (2 Kor 6,11–13; 7,2–3) 75

DAS VERSÖHNUNGSSCHREIBEN II

22. Heilsame Trauer (2 Kor 7,8–11) 81
23. Zum Ausklang (2 Kor 7,13–14)................ 84

DIE KOLLEKTENKAPITEL

24. Bettelbriefe (2 Kor 8,1–6) 91
25. Fragmente eines Kirchenliedes (2 Kor 8,7–9)..... 94
26. Vom Lastenausgleich (2 Kor 8,10–15) 98
27. Vom Umgang mit öffentlichen Geldern
 (2 Kor 8,16–24)............................... 102
28. Der neue Anlauf (2 Kor 9,1–9) 106
29. Die Zukunftsvision (2 Kor 9,10–15)............. 110

DER TRÄNENBRIEF

30. Kampfansage (2 Kor 10,1–6)................... 117
31. Gebietsansprüche (2 Kor 10,12–16) 121
32. Ein Eifersuchtsdrama (2 Kor 11,1–4) 125
33. Was Superstars kosten (2 Kor 11,5–9) 130
34. Ein (nicht ganz) edler Wettstreit
 (2 Kor 11,16–23a)............................. 135
35. Persönliche Bestleistungen (2 Kor 11,23b–29) 139
36. Zum Paradies und zurück (2 Kor 12,1–6) 143
37. Symptomatik, Diagnose, Therapie
 (2 Kor 12,7–10)............................... 148
38. Das Spiel ist aus (2 Kor 12,19–21)............. 152
39. Aller guten Dinge sind drei (2 Kor 13,1–4)...... 157
40. Hochachtungsvoll, Ihr ... (2 Kor 13,11–13) 161

Hinweise zur weiterführenden Lektüre 166

Verzeichnis der Schriftlesungen................... 167

Vorwort

Auch ein Exeget vom Fach hat seine Vorlieben (und möglicherweise auch seine Abneigungen, aber das steht auf einem anderen Blatt). Mir ist über die Jahre hinweg der zweite Korintherbrief des Apostels Paulus, ein ebenso großartiges wie schwieriges Schreiben, besonders ans Herz gewachsen. Als mich daher die Redaktion von *Christ in der Gegenwart* bat, mehrere Monate hindurch die Betreuung der wöchentlichen Spalte »Die Schrift« zu übernehmen, stand mein Entschluß rasch fest: Ich wollte versuchen, in Form von Schriftbetrachtungen den zweiten Korintherbrief für ein breiteres Publikum zu erschließen. Das geschah dann auch über mehr als zwanzig Folgen hinweg von April bis September 1993. Jeweils ausgehend von einem neu übersetzten kleineren Textabschnitt, wurden die Kapitel 1–7, die ein geschlossenes Ganzes bilden, in Auswahl ausgelegt.
Die Resonanz war erfreulich und ermutigend. Sie bestärkte mich in dem Plan, nicht nur die Skizzen zu 2 Kor 1–7 aus *Christ in der Gegenwart* in einem kleinen Buch zusammenzubringen, sondern das Unternehmen bei der Gelegenheit auf den ganzen Brief auszudehnen. Zu diesem Zweck habe ich die Betrachtungen zu 2 Kor 8–13 im Stil der vorangegangenen Serie (die ihrerseits leicht überarbeitet wurde) für den vorliegenden Band neu geschrieben. Beigefügt wurden noch einige weiterführende Lektürehinweise sowie eine Übersicht zur Verwendung von Texten aus dem zweiten Korintherbrief im Gottesdienst, letzteres in der Hoffnung, dadurch die praktische Arbeit mit diesem Buch zu erleichtern.
An seinem Zustandekommen waren vor allem zwei weitere Personen maßgeblich beteiligt: Frau Hannelore Fer-

ner durch ihre wie immer treue und zuverlässige Hilfe und Herr Privatdozent Dr. Markus Knapp vom Echter Verlag, der das Unternehmen nach Kräften förderte. Ihnen gilt mein herzlicher Dank.

Würzburg, im Juli 1994 *Hans-Josef Klauck*

Das Versöhnungsschreiben I

1
Ein unscheinbarer Beginn

(1) Paulus, Apostel Christi Jesu durch Gottes Willen, und der Bruder Timotheus, an die Gemeinde Gottes, die sich in Korinth befindet, mit allen Heiligen, die sich in ganz Achaia befinden: (2) Gnade mit euch und Friede von Gott, unserem Vater, und dem Herrn Jesus Christus.

2 Kor 1,1–2

Formfragen

Wir kennen das aus unserer eigenen Korrespondenz: Den Briefkopf gestalten wir immer sehr formelhaft, nach eingeübtem Muster. Man sieht ihm noch nicht an, ob wir einen freundlichen Brief schreiben wollen oder einen erbitterten Drohbrief oder einen Bettelbrief. Paulus macht das normalerweise etwas anders. Schon im Briefkopf läßt er Themen des folgenden Schreibens anklingen und stimmt uns ein auf das, was uns erwartet. Die Eingangsverse des zweiten Korintherbriefs allerdings formuliert er auffallend neutral, und er hält sich verhältnismäßig strikt ans Schema. Zunächst nennt er den Absender, sich selbst, und nimmt noch seinen engen Vertrauten Timotheus mit hinzu, der den Korinthern gut bekannt war (vgl. 1 Kor 4,17; 16,10f). Er lenkt sodann den Blick auf die Adressaten, die Christengemeinde von Korinth und ihre »Filialen« in der Provinz Achaia, deren Hauptstadt Korinth war (zu diesen Filialen zählt nach Röm 16,1f z. B. Kenchreä, einer der beiden Häfen Korinths). Den Briefkopf beschließt er mit einem formelhaften Gruß, den er im Rückgriff auf biblische Sprache als Segenswunsch ausgestaltet.

Ein Überblick

Diesem eher unscheinbaren Anfang merkt man nicht an, was im Brief noch alles folgen wird. Verschaffen wir uns als erstes einen groben Überblick über seinen Inhalt.
Erstens: Als zusammenhängendes Stück heben sich die Kapitel 1–7 heraus. Hier stehen in den Rahmenstücken 1,1–2,13 und 7,5–16 sehr versöhnlich klingende Aussagen. Angespielt wird darin aber auch auf einen unerquicklichen Zwischenfall bei einem Besuch des Paulus (vgl. 2,5–11) und auf einen Brief, den Paulus »unter vielen Tränen« schrieb (2,4) und der die Korinther sehr betrübt haben muß (7,8).
Zweitens: Ein kleiner Reisebericht, der im zweiten Kapitel in 2,12f beginnt, wird erst im siebten Kapitel mit 7,5 fortgesetzt. Der Zwischenabschnitt 2,14 – 7,4 stellt eine in sich geschlossene Erörterung dar, in der Paulus sein Apostelsein verteidigt und theologisch begründet.
Drittens: Die Kapitel 8 und 9 behandeln in zwei Anläufen ein großes Anliegen des Apostels, die Geldsammlung für die verarmte Gemeinde in Jerusalem. Wir haben einen oder sogar zwei Bettelbriefe vor uns.
Viertens: In den Kapiteln 10–13 wechselt der Tonfall in geradezu dramatischer Weise. Unerhört scharf rechnet Paulus mit theologischen Gegnern ab, die nach ihm in der korinthischen Gemeinde Fuß faßten. Sie gehörten einem anderen Typ von Wandermissionaren an als Paulus. Mit Empfehlungsbriefen reisten sie von Gemeinde zu Gemeinde und ließen sich von ihnen ihren Lebensunterhalt finanzieren. Sie betonten die Kontinuität zu den palästinensischen Ursprüngen des Christentums und bestritten dem Paulus das Recht, als Apostel aufzutreten und eigenständige Positionen zu entwickeln. Die korinthische Gemeinde konnten sie zeitweilig auf ihre Seite ziehen. Sie verstanden es anscheinend sehr geschickt, Ressentiments gegen Paulus, die u. a. aus den Parteienstreitigkeiten

einer früheren Phase (vgl. 1 Kor 1,11f) noch lebendig waren, für ihre Zwecke zu instrumentalisieren. Paulus nennt sie, die sich doch selbst als christliche Missionare verstanden, Falschbrüder und Diener des Satans (2 Kor 11,13–15), was fürwahr harte Worte sind. Es ist nur schwer vorstellbar, daß die Versöhnungsaussagen aus den Anfangskapiteln und der Frontalangriff in den Schlußkapiteln ursprünglich in ein und demselben Brief standen.

Der Ablauf der Ereignisse

Was ist nun wirklich geschehen, und wie spiegelt sich das in dem Ausschnitt aus der korinthischen Korrespondenz des Paulus, der im zweiten Brief vorliegt? Nach dem Weggang des Paulus aus Korinth und nach der Abfassung des kanonischen ersten Korintherbriefs sind die besagten Paulusgegner in die Gemeinde eingedrungen. Paulus bricht, um Schlimmeres zu verhindern, kurz entschlossen zu einer plötzlichen Visite von Ephesus aus nach Korinth auf. Dieser sogenannte Zwischenbesuch endet mit einem Eklat. Persönlich tief getroffen, reist Paulus überstürzt nach Ephesus zurück, setzt sich dort hin und verfaßt den »Tränenbrief«, in dem er offenbar seiner Erbitterung und seinem Zorn freien Lauf läßt. Zugleich sendet er einen bewährten Mitarbeiter, nämlich Titus, als persönlichen Boten nach Korinth, der wahrscheinlich selbst den Tränenbrief überbringt. Die konzertierte Aktion, der Brief und der Bote, tut jedenfalls ihre Wirkung. Die Gemeinde bereut ihre Feindseligkeiten gegenüber dem Apostel und möchte die zerbrochene Beziehung wiederaufnehmen. Paulus kann sich in den Rahmenstücken von Kapitel 1 bis 7 entsprechend großmütig und versöhnlich geben.

Briefteilung?

Die einzelnen Briefteile im zweiten Korintherbrief mit den sich überstürzenden Interaktionen zu korrelieren ist ein schwieriges Unterfangen. Wahrscheinlich besitzen wir mit den Kapiteln 10–13 noch den verloren geglaubten Tränenbrief. Dieser Abschnitt wäre somit zeitlich früher als die Kapitel 1–7 anzusetzen. Manche Forscher gehen noch weiter und identifizieren auch in den Kapiteln 1–9 verschiedene selbständige Schreiben: einen Versöhnungsbrief, eine Apologie, zwei Kollektenbriefe. Das können wir in unserem Rahmen auf sich beruhen lassen. Es ist auch möglich, die Kapitel 1–9 als einheitliches Schreiben zu betrachten, in dem Paulus verschiedene ihm wichtige Anliegen selbst zusammenfaßt (die Zwischentitel in unserem Inhaltsverzeichnis zeigen also nur zur besseren Orientierung die thematischen Schwerpunkte an und implizieren keine literarkritischen Vorentscheidungen, mit Ausnahme des letzten [»Der Tränenbrief«]).

Die komplizierte Entstehungsgeschichte hat Folgen. Auf die Frage nach dem schwierigsten Schriftstück im Neuen Testament würde ich mit vielen Fachkollegen ohne Zögern antworten: Das ist der zweite Korintherbrief. Er setzt dem Verstehen ungewöhnliche Widerstände entgegen. Aber, wie so oft, lohnt sich die Mühe, denn der zweite Korintherbrief gehört ebenso über weite Strecken hin zu den theologischen Höhepunkten des Neuen Testaments. Wer sich in ihn vertieft, kann am Ende eines nicht immer leichten Verstehensprozesses reichen geistlichen Gewinn davontragen.

2

Gemeinschaft in Tröstung und Leid

(3) Gepriesen sei der Gott und Vater unseres Herrn Jesus Christus, der Vater des Erbarmens und Gott jeglicher Tröstung, (4) der uns tröstet in all unserer Bedrängnis, damit wir die Kraft haben, die zu trösten, die sich in allerlei Bedrängnis befinden, durch die Tröstung, mit der wir selbst getröstet werden von Gott. (5) Denn wie uns die Leiden Christi überreich zuteil werden, so wird uns auch durch Christus überreiche Tröstung zuteil. (6) Sei es, daß wir bedrängt werden, dann zu eurer Tröstung und eurer Rettung; sei es, daß wir getröstet werden, dann zu eurer Tröstung, die wirksam wird im Ertragen derselben Leiden, die auch wir erdulden. (7) Und unsere Hoffnung ist fest im Hinblick auf euch, in dem Wissen, daß ihr, wie ihr Teilhaber seid an den Leiden, so auch an der Tröstung.

2 Kor 1,3–7

»Tröstet, tröstet mein Volk«, lautet der Auftrag Gottes im Buch Jesaja (Jes 40,1). Diese prophetische Aufgabe übernimmt in den Eingangsversen des zweiten Korintherbriefes Paulus, und er tut es, weil er nach eigenem Bekunden zuvor selbst in Bedrängnis Trost erfahren hat.

Das Vorwort

Unser Textstück folgt als eine Art Vorwort zum Hauptteil des Schreibens auf die eigentliche Anschrift in 2 Kor 1,1f. Meistens dankt Paulus an dieser Stelle Gott in der Ich-Form, und sein Dank gilt dem erfreulichen Glaubens- und Gnadenstand der jeweiligen Gemeinde (z. B. Röm 1,8). Von diesem Muster weicht er im zweiten Korintherbrief in auffälliger Weise mehrfach ab. Er spricht von sich selbst in der etwas distanzierten Wir-Form, er rückt seine eigenen Erfahrungen in den Mittelpunkt, und er wählt nicht die Sprache des Dankens, sondern er bevorzugt vielmehr die Sprache der Lobpreisung.

Das Vorbild

Vom Alten Testament her gesehen, schließt sich Paulus damit an den Segensspruch mit kurzer Begründung, die sogenannte Beraka, an. So sagt z. B. in Gen 14,20 Melchisedek zu Abraham: »Gepriesen der höchste Gott, der deine Feinde in deine Hand gegeben hat«. Ihren festen Ort hat die Beraka auch in den Klagepsalmen, wo der Beter in einem ersten Schritt seine abgrundtiefe Not mit bewegenden Worten schildert, um sodann seiner wunderbaren Errettung durch Gott zu gedenken: »Gepriesen sei der Herr, denn überreiche Gnade hat er mir erwiesen in der Zeit der Drangsal« (Ps 31,22). Paulus sieht sich offenbar selbst in die Rolle dieses Beters versetzt. Beides erfährt er in großer Dichte am eigenen Leib, Not und Rettung (vgl. im Briefkorpus die Leidenslisten: 2 Kor 4,8f u. ö.).

Apostel und Gemeinde

Daneben kommt auch die Gemeinde in den Blick. Apostel und Gemeinde sind hier geradezu »auf Gedeih und Verderb« miteinander verbunden. Auch die Korinther erdulden Widerfahrnisse, die denen des Apostels vergleichbar sind. Ihnen kann Paulus etwas abgeben von seiner Tröstung. Eine Klammer, die sich um beide legt, um den Apostel und die Gemeinde, um die Not und den Trost, signalisiert der Christustitel. Leiden heißt in Gemeinschaft stehen mit dem gekreuzigten Herrn, Tröstung ist vorweggenommener Anteil an seiner Erhöhung.

Was die Korinther konkret eigentlich zu leiden hatten, kann man fragen. Sicher mochte der neu gewonnene christliche Glaube für sie manche Nachteile und Zurücksetzungen mit sich bringen. Aber ob das genügt? Vielleicht gehört zu den gemeinsam erfahrenen Leiden auch der schwere Konflikt zwischen dem Apostel und der Gemeinde, der in der Zeit zwischen dem ersten und dem zweiten Korintherbrief in ungeahnter Heftigkeit entbrannt war. Davon legt der zweite Korintherbrief auf Schritt und Tritt Zeugnis ab. Tröstung bedeutet in einer solchen Situation dann auch soviel wie sich anbahnende Versöhnung, die beiden Konfliktparteien Hoffnung auf ein glückliches Ende macht. Weitere Informationen dazu bietet die Einleitung nicht. Alles übrige müssen wir dem Brief selbst entnehmen.

Atempausen

Letztlich lassen sich Bedrängnis und Tröstung bei Paulus nicht sauber in zwei aufeinander folgende, sich ablösende Phasen zerlegen. Beides kann wohl zu einem gegebenen Zeitpunkt in unterschiedlicher Intensität vorhanden sein. In andauernder Bedrängnis werden dem Apostel doch Pausen zum tiefen Durchatmen gewährt. Wann und wie geschieht so etwas? In seinem Gebet z. B., bei seiner Lektüre in den Schriften des ersten Bundes, beim Gespräch mit seinen Gefährten, mit den Männern und Frauen, die in Ephesus, dem Abfassungsort des Briefes, um ihn sind, im vertrauensvollen Austausch mit seinen Gemeinden, im verzeihenden Wort unter Brüdern und Schwestern, kurz gesagt in allem, was den Menschen aus der Vereinzelung des Leidens herausholt und in Beziehung stellt, sei es zu Gott, sei es zu den Mitglaubenden in Gottes Gemeinde.

3

In auswegloser Lage

(8) Denn wir wollen euch nicht in Unkenntnis lassen, Brüder, über unsere Bedrängnis, die in der Provinz Asien geschah. Im Übermaß, über unsere Kräfte hinaus waren wir belastet, so daß wir sogar am Leben verzweifelten. (9) Aber wir hatten über uns selbst das Todesurteil gefällt, damit wir nicht auf uns selbst unser Vertrauen setzten, sondern auf Gott, der die Toten auferweckt. (10) Er hat uns aus so großer Todesnot errettet und wird uns weiterhin retten; auf ihn haben wir unsere Hoffnung gesetzt, daß er uns auch [am Ende] noch retten wird. (11) Auch ihr helft dabei mit durch euer Gebet für uns, damit aus vielen Mündern für den uns geschenkten Gnadenerweis Dank gesagt werde von vielen Menschen für uns.

2 Kor 1,8–11

Eine Information

In seinem »Vorwort« zum zweiten Korintherbrief hatte Paulus bisher in der feierlichen, alttestamentlich-jüdischer Tradition entlehnten Sprache des Lobpreises mehr allgemein von seinen Bedrängnissen gesprochen und von den Tröstungen, die er darin erfahren hat. Dem fügt er jetzt ein kleines Stück aktueller Information an, die für uns leider immer noch rätselhaft genug bleibt. Er hat, wenn wir ihn beim Wort nehmen, in Kleinasien dem sicheren Tod ins Auge geblickt. Was ist ihm so Schlimmes zugestoßen? Hatte ihn, was vielleicht die naheliegendste Vermutung darstellt, eine lebensbedrohende Krankheit ereilt? Waren die Turbulenzen in Ephesus, von denen Apg 19,23–40 (der Aufstand der Silberschmiede) erzählt, unter Umständen doch schwerwiegender, als Lukas dort noch zu erkennen gibt? Oder sah Paulus »nur« unter dem zunehmenden Druck einer judaistischen Gegenmission sein Lebenswerk, die gesetzesfreie Verkündigung des Evangeliums unter den Heiden, als nahezu gescheitert an, so daß er sich deshalb »völlig erledigt« fühlte? Die Antwort wird auch dadurch erschwert, daß Paulus sich wiederum, wie schon beim Lobpreis, den Gebetsstil der Klagepsalmen zu eigen macht. Existenzbedrohende Schicksalsschläge werden dort schon als Eintauchen in die Sphäre des Todes gewertet (Ps 88,4f: »Mein Leben ist dem Totenreich nahe. Schon zähle ich zu denen, die in die Grube fahren«), aus der nur Gott den Beter wieder herausreißen kann (Ps 22,21: »Errette vor dem Schwerte mein Leben«; Ps 116,8: »Ja, du hast mein Leben vom Tode errettet«).

Die Aporie

Glücklicherweise wird die theologische Deutung dieser tiefempfundenen Klage des Apostels von den Unsicherheiten in der historischen Rekonstruktion nicht berührt. Fest steht, daß für ihn selbst die Grenzen seiner Belastbarkeit nicht nur erreicht, sondern schon überschritten waren. Er fühlte sich, so wörtlich das griechische Original, in eine tiefe »Aporie« versetzt, in eine schier ausweglos scheinende Lage, die er so interpretieren mußte, als sei – von welcher Macht auch immer – ein Todesurteil über ihn bereits unwiderruflich ausgefertigt. Wie reagiert er? Nicht mit Lebensüberdruß, wohl aber so, daß er den Todesbescheid letztendlich als Willensäußerung Gottes akzeptiert, ihn, um im Bilde zu bleiben, eigenhändig gegenzeichnet. Er hat mit dem Titel des bekannten Buches von Dietrich Bonhoeffer den Weg vom Widerstand zur Ergebung zurückgelegt.

Die Überraschung

Doch Gott verblüfft durch unerwartetes Handeln immer wieder auch seinen treuen Boten. Im jüdischen Achtzehngebet, das dreimal täglich zu rezitieren ist, lautet eine Benediktion: »Gepriesen sei Gott, der die Toten lebendig macht.« In christlicher Sicht hat Gott diese endzeitliche Rettungstat neu beglaubigt durch die Auferweckung Jesu Christi (vgl. Röm 4,17 mit Röm 4,24). Etwas davon verspürt Paulus auch im eigenen Leben, am eigenen Leibe. Im Rückblick erkennt er, daß Gott ihn mit fester Hand führt: in die verzweifelte Situation, die ihm auch die letzten Reste von Vertrauen in die eigenen Kräfte austreibt, und wieder hinaus in die Weite des Lebens (Ps 66,12), so daß er seiner Aufgabe weiterhin nachgehen kann. Gottes unwandelbare Treue ist die Konstante im Auf und Ab seines Weges als Apostel und Missionar.

Gebetsgemeinschaft

Im Schlußvers entwirft Paulus die Vision einer umfassenden Gebetsgemeinschaft. Die »vielen Münder« rufen die Vorstellung von vielen Gesichtern von Menschen, die sich gen Himmel wenden und einen vielstimmigen Chor des Dankens anstimmen, wach. Was Gott zuvor geschenkt hat als Gnade, was Paulus widerfuhr als besonderer Gunsterweis, das kehrt jetzt in der Form des Dankens wieder zu Gott zurück. Das gemeinsame Beten überwindet die Kluft zwischen Menschen und schlägt die Brücke von der Erde zum Himmel.

4
Ärger mit den Reiseplänen

(15) Und in dieser Zuversicht wollte ich zuerst zu euch kommen, damit ihr einen zweiten Gnadenerweis hättet, (16) und wollte über euch weiterziehen nach Mazedonien und von Mazedonien wieder zu euch kommen und von euch nach Judäa auf den Weg gebracht werden. (17) Bin ich nun, wenn ich dies beabsichtige, etwa leichtfertig vorgegangen? Oder plane ich, was ich plane, nach fleischlicher Weise, so daß bei mir das »Ja, ja« zugleich das »Nein, nein« wäre? (18) Gott aber bürgt dafür, daß unser Wort euch gegenüber nicht zugleich ja und nein ist. (19) Denn Gottes Sohn Jesus Christus, der unter euch durch uns verkündigt wurde, durch mich und Silvanus und Timotheus, war nicht Ja und Nein zugleich, sondern nur das Ja ist in ihm Wirklichkeit geworden. (20) Denn so viele Verheißungen Gottes auch immer es gibt, sie haben in ihm das Ja. Daher ergeht auch durch ihn das Amen an Gott zur Verherrlichung durch uns.
2 Kor 1,15–20

Daß jemand seine Reisepläne ändert, passiert nicht gerade selten. Im Fall des Apostels Paulus führt das aber zu erheblichem Mißmut bei den Betroffenen. Das veranlaßt ihn wiederum zu einem weit ausgreifenden theologischen Exkurs, der zu dem eher banalen Anlaß in einer gewissen Diskrepanz steht.

Der Plan

Was ist zunächst tatsächlich geschehen? Die Frage ist leichter gestellt als beantwortet. Halten wir nur das eingermaßen Sichere fest: In teilweiser Abänderung der Ankündigung aus dem ersten Korintherbrief (vgl. 1 Kor 16,5–7: *ein* längerer Aufenthalt in Korinth *nach* einem kurzen Kollektenbesuch in Mazedonien) hatte Paulus nach 2 Kor 1,15f zwischenzeitlich einen Doppelbesuch in Aussicht gestellt. Mit dem Schiff wollte er zuerst von Ephesus nach Korinth reisen, von dort auf dem Landweg nach Mazedonien ziehen und die Kollektengelder einsammeln, anschließend wieder nach Korinth zurückkehren und dann endlich zur Überbringung der versprochenen Kollekte per Schiff nach Jerusalem aufbrechen. Das sollte den Korinthern eigentlich ein Grund zur Freude sein, war doch ein Apostelbesuch nach Vers 15 ein besonderer Gnadenerweis, dies in dem Sinn, daß alle Beteiligten in der Begegnung, im Austausch und im gemeinsamen Gottesdienst Trost und Stärkung erfuhren (vgl. Röm 1,11f).

Was dazwischenkam

Aber auch zu diesem Doppelbesuch ist es bislang nicht gekommen. Warum nicht, sagt Paulus selbst in 2 Kor 1,23: weil er die Gemeinde schonen wollte. Deshalb setzt er sich hin und schreibt ihr einen Brief »unter vielen Tränen« (2 Kor 2,4). All das hängt mit einem nichtgeplanten Zwischenbesuch in Korinth zusammen, zu dem Paulus durch das destruktive Wirken von zugereisten Paulusgegnern provoziert wurde. Die Stippvisite verlief sehr unglücklich (s. zu 2 Kor 2,5–11). Ehe ein weiterer persönlicher Besuch sinnvoll erschien, mußte allerhand aufgearbeitet werden, z.B. durch die Entsendung eines Boten, des Titus nämlich (vgl. 2 Kor 2,13), der offenbar mit beträchtlichem diplomatischen Geschick agierte.

Reaktionen

Die Korinther fühlen sich desungeachtet durch das Fernbleiben des Paulus brüskiert und reagieren unwirsch: Also stimmt es doch – man kann den Versprechungen des Paulus nicht trauen. Hinter jedem Ja verbirgt sich ein Nein. Auch Paulus ist eben nur ein Mensch, der »nach fleischlicher Weise«, das heißt nach gewohnt menschlich-allzumenschlicher Art, handelt.

Eine Frage der Glaubwürdigkeit

Daß dieser Eindruck entstehen konnte, empfindet Paulus zu Recht als fatal. Mit seiner persönlichen Glaubwürdigkeit in Dingen des Alltags steht letztlich auch die Glaubwürdigkeit seiner Botschaft auf dem Spiel, beides läßt sich nicht auf Dauer voneinander trennen. Er bietet daher seine ganze theologische Kunst auf, um dem entgegenzusteuern. So ruft er Gott selbst als Zeugen an, und er erinnert an die Stunde des Anfangs, als er mit Silvanus und Timotheus (vgl. Apg 18,5) zum erstenmal in Korinth die frohe Botschaft verkündete. Übereinstimmender Inhalt ihrer Predigt war, daß Gott in Jesus sein unverbrüchliches Ja zur Welt und zu den Menschen bekräftigt hat. Dieses Ja, so sollen die Leser zurückschließen, prägt auch die ganze Existenz des Apostels, so daß die vermeintliche Doppeldeutigkeit seines Ja und Nein nur auf Mißverständnissen beruhen kann. Und die Leser sollen weiter mit einstimmen in das große Amen, das Gott die Ehre gibt, die ihm gebührt, und zu dem sie die Erstverkünder hinführen wollten. Die hebräische Wurzel, die in dem unscheinbaren Gebetswort Amen steckt, hat es zu tun mit Festigkeit, Sicherheit, Zuverlässigkeit, Bejahung, Treue. Wenn wir das bedenken, können wir den ganzen Abschnitt als eine Improvisation aus gegebenem Anlaß über ein Thema werten, dessen Leitakkord das Amen bildet.

5

Konfliktbewältigung

(5) Wenn aber einer Betrübnis verursacht hat, hat er nicht so sehr mich betrübt, sondern zum Teil – um nicht zu übertreiben – euch alle. (6) Es genügt für ihn die vollzogene Bestrafung durch die Mehrheit. (7) Jetzt solltet ihr im Gegenteil lieber verzeihen und beistehen, damit der Betreffende nicht womöglich von übergroßer Trauer verschlungen wird. (8) Deshalb ermuntere ich euch, ihm gegenüber Liebe zu beschließen. (9) Deswegen habe ich ja auch geschrieben, damit ich eure Bewährung erkenne, ob ihr in allem gehorsam seid. (10) Wem aber ihr etwas verzeiht, dem verzeihe auch ich. Habe ich doch schon verziehen, wenn ich überhaupt etwas zu verzeihen hatte, um euretwillen im Angesicht Christi, (11) damit wir nicht vom Satan überlistet werden; denn dessen Absichten sind uns nicht unbekannt.

2 Kor 2,5–11

Der Sachverhalt

In verhüllter Sprache beschreibt Paulus in diesem Abschnitt 2 Kor 2,5–11 einen sehr präzisen Sachverhalt: Bei seinem Zwischenbesuch in Korinth hat ihn ein einzelnes Gemeindemitglied vor der ganzen Versammlung in persönlich beleidigender Weise attackiert, ihm das Recht abgesprochen, überhaupt als Apostel eingreifen zu wollen, und damit zu seiner überstürzten Abreise nach erfolglosem Aufenthalt beigetragen. Das ist die Betrübnis, die jemand dem Paulus zugefügt hat. Die Gemeinde sah damals tatenlos zu oder spendete sogar noch Beifall.

Stimmungsumschwung

Inzwischen haben sich die Dinge gewandelt. Die Korinther sind zur Besinnung gekommen, mehr noch, sie haben per Mehrheitsbeschluß über den Übeltäter eine Strafe verhängt. Die könnte in zeitweiligem Ausschluß von der Gemeindeversammlung bestanden haben oder in einer Bußleistung sonstiger schwerer Art. Paulus kann es sich jetzt also leisten, abzuwiegeln: Eigentlich wurde er ja gar nicht wirklich beleidigt; verletzt wurde vielmehr, ohne es zunächst zu merken, die Gemeinde, die ihr besonderes Verhältnis zu ihm verlor. Er hat schon längst vergeben und vergessen, sofern es für ihn überhaupt etwas zu vergessen gab. Das wirkt fast so, als wenn einer von ganz weit weg fragt: War da wirklich etwas?

Aber in dieser großen Geste steckt, das dürfen wir nicht übersehen, doch auch echte, anrührende Sorge um das Wohlbefinden des derart Bestraften. Der hat sich den Stimmungsumschwung und die Strafverhängung nämlich sehr zu Herzen genommen. Sein früheres Auftreten gegen Paulus reut ihn. Er fühlt sich nicht nur zerknirscht, sondern nachgerade verzweifelt.

Der Schlußpunkt

Für Paulus ist es nun höchste Zeit, einen Schlußpunkt zu setzen. An späterer Stelle (in 2 Kor 7,10) wird er unterscheiden zwischen einer Trauer, die Gottes Willen entspricht und zu Umkehr und Rettung führt, und einer Trauer der Welt, die den Tod verursacht. Die Umkehr wurde bereits bewirkt. Jeder weitere Übereifer im Bestrafen hätte nur zur Folge, daß der Betroffene in todbringender Trauer versinkt. Das wiederum würde den destruktiven Kräften des Bösen in die Hände spielen, für die in Vers 11 als personale Verkörperung der Satan steht. Zuviel des Guten schlägt, mit anderen Worten, ins Gegenteil um. Auch rigorose Härte kann wider Willen zur Zerstörung der Gemeinde beitragen.

Wer vor dem Angesicht Christi sein Handeln verantwortet (V. 10), es aus dem Geiste Jesu heraus zu gestalten versucht, wird prinzipiell zum Verzeihen bereit sein. Paulus ermuntert die Gemeinde dazu, durch einen förmlichen neuen Beschluß den reuigen Sünder wieder in ihre Reihen zu integrieren. Angesichts der Not, in die er geraten ist, sind jetzt Liebe, Vergebung und Beistand am Platz. Unterschwellig verspüren wir eine Verbindungslinie zum einleitenden Lobpreis in 2 Kor 1,3–7 mit seiner Thematik von der Verbundenheit aller in Betrübnis und Tröstung, aus der kein Gemeindemitglied auf Dauer herausfallen sollte.

Strukturfragen

Bemerkenswert erscheinen in unserem Text die Ansätze für eine demokratische innergemeindliche Struktur: Es werden Mehrheitsbeschlüsse gefaßt über Verhängung und Beendigung von Strafmaßnahmen, was sich freilich nicht so ganz einfach mit dem Eingreifen des Paulus von außen her ausbalancieren läßt. Das Autoritätsgefüge befindet sich noch in einem labilen Entwicklungszustand, mit offenen Möglichkeiten nach verschiedenen Seiten hin. Bemerkenswert erscheint die ganze Angelegenheit aber auch als Beispiel für christliche Formen der Konfliktbewältigung. Paulus zeigt uns, wie man sich selbst zurücknimmt, Beleidigungen, auch wo sie schmerzhaft waren, großmütig vergibt, die eigentlichen Sachfragen in den Mittelpunkt rückt und sich um das Wohlergehen eines Bruders, der gefährdet ist, sorgt.

Die Apologie

6

Kühne Bilder

(14) Gott aber sei Dank, der uns stets im Triumphzug mitführt in Christus und den Duft seiner Erkenntnis durch uns offenbart an jeglichem Ort. (15) Denn Christi Wohlgeruch sind wir für Gott unter denen, die gerettet werden, und unter denen, die verlorengehen, (16) den einen Duft vom Tod zum Tod, den andern Duft vom Leben zum Leben. Und wer ist dazu geeignet? (17) Denn wir sind nicht wie die vielen damit beschäftigt, das Wort Gottes zu verhökern, sondern wie aus Lauterkeit, wie aus Gott reden wir vor Gott in Christus.

2 Kor 2,14–17

Rückbesinnung

Für jeden kann, manchmal ganz unerwartet, ein Zeitpunkt kommen, wo er die Grundlagen seiner Existenz neu überdenken muß. Das blieb auch Paulus nicht erspart. Welchen massiven Erschütterungen er sich ausgesetzt sah, wurde aus dem bisherigen Verlauf des zweiten Korintherbriefs bereits deutlich: Seinen Anspruch, Apostel Jesu Christi zu sein, machten ihm Gegner grundsätzlich streitig, die zeitweilig die Gemeinde auf ihre Seite zu ziehen verstanden. Wozu das alles, mochte er sich auch selbst fragen angesichts dieser Konflikte, angesichts all seiner Nöte und Mühen. In 2 Kor 2,14 setzt er daher zu einer Rückbesinnung auf seinen apostolischen Dienst an, die bis ins sechste Kapitel des zweiten Korintherbriefs reicht, mit einem ersten Einschnitt zwischen 2 Kor 4,6 und 2 Kor 4,7. Gleich am Anfang steht ein hymnischer Dank an Gott, gefolgt von einigen kühnen, zum Teil sogar schockierenden Bildern: der Triumphzug in Vers 14,

Duft und Wohlgeruch in Vers 14–16, das Verhökern in Vers 17.

Der Triumphator

Am ehesten können wir wohl noch den Triumphzug mit unserer eigenen Erfahrungswelt verbinden, wenn wir z. B. an den Wagenkorso denken, der bei der Meisterschaftsfeier die siegreiche Mannschaft durch die Stadt transportiert. Paulus spielt auf den römischen Triumphzug an, der einem Feldherrn nach einem großen Sieg durch Senatsbeschluß gewährt wurde. Triumphator ist Christus selbst, aber wo bleibt Paulus? Er wird nicht als erfolgreicher Mitstreiter, sondern als Gefangener mitgeführt. Der Herr hat seinen Widerstand überwunden und ihn völlig in Beschlag genommen. Aber gerade in dieser unscheinbaren, demütigenden Rolle kommt Paulus überall herum und kann an allen Orten die Siegesmeldung verkünden. Als theologische Innensicht bildet der Triumphzug das Pendant zu der manchmal ziellos wirkenden, aber immer missionarisch fruchtbaren Reisetätigkeit des Paulus.

Vom Wohlgeruch

Duft und Wohlgeruch werden allgemein als angenehm empfunden und haben von Hause aus nichts Schockierendes an sich. Im antiken Kontext muß man zudem berücksichtigen, daß »Duft des Wohlgeruchs« den vom Altar aufsteigenden Rauch des Opfers bezeichnet und göttlicher Wohlgeruch die Präsenz der Gottheit anzeigt (vgl. auch Sir 24,15: die Weisheit strömt Duft und Wohlgeruch aus). Schockierend wirkt erst der doppelte Effekt des Duftes, der zwischen Menschen scheidet, die einen im Tod verloren gibt und die anderen ins Leben hinein rettet. Wichtig erscheint dabei, daß der Duft immer Wohlgeruch bleibt und nicht etwa für die eine Gruppe, drastisch gesprochen, zum abstoßenden oder giftigen

Gestank wird. Das besagt im Klartext: Es handelt sich immer um eine werbende Botschaft, die zur Begegnung mit der Liebe Gottes einlädt. Respektiert werden muß aber auch das rätselhafte Faktum, daß Menschen sich ihr verschließen.

Kleinkrämerei

Mit dem Verhökern ist der Sache nach der Kleinkrämer angesprochen, der seine Ware notfalls auch mit Lug und Trug vermarktet, oder der Weinhändler, der vor Panscherei nicht zurückscheut. Solche und ähnliche Worte gehören seit Platon zum festen Repertoire der Polemik gegen wandernde Bettelphilosophen, die gegen Bezahlung auftreten. Paulus lanciert hier eine weitere Spitze gegen seine »vielen« zugewanderten Konkurrenten in Korinth, die sich von ihm auch dadurch unterscheiden, daß sie sich ihren Lebensunterhalt von der Gemeinde finanzieren lassen.

Die Eignung

Ich bin nicht geeignet für diesen Auftrag, wendet Mose in Ex 4,10 sinngemäß ein. Um die Frage nach der Eignung für den apostolischen Dienst dreht sich auch bei Paulus alles (vgl. 2 Kor 2,16). Immerhin hält er sich selbst mit aller Vorsicht für geeigneter als seine Gegner, und er wagt dies nicht zuletzt in Rückbindung an den Urgrund seines Tuns, der zugleich Forum seiner Verantwortung ist: »aus Gott vor Gott in Christus«.

7

Ein Empfehlungsschreiben

(1) Beginnen wir wieder, uns selbst zu empfehlen? Oder benötigen wir etwa, wie bestimmte Leute, Empfehlungsbriefe an euch oder von euch? (2) Unser Brief seid ihr, eingeschrieben in unseren Herzen, erkannt und gelesen von allen Menschen. (3) Es liegt offen zutage, daß ihr ein Brief Christi seid, besorgt von uns, eingeschrieben nicht mit Tinte, sondern mit dem Geist des lebendigen Gottes, nicht auf steinerne Tafeln, sondern in Tafeln von Herzen aus Fleisch.

2 Kor 3,1–3

Die Frage der Eignung

Von der Eignung für den Dienst des Verkündigers, die er sich selbst eher zutraut als seinen Gegnern, hatte Paulus in 2 Kor 2,16 zuletzt gesprochen. Den Gegnern unterstellte er sodann in 2 Kor 2,17, sie würden das Wort Gottes wie eine Ware »verhökern«, es zu günstigen Preisen zu vermarkten suchen.

Beide Themen kehren nun in 2 Kor 3,1 wieder. Daß Paulus sich indirekt selbst als geeignet ausgibt, konnte man ihm als unangemessene, überhebliche Selbstempfehlung auslegen, und man hat es wohl auch getan. Mit einer rhetorischen Frage weist er diesen Vorwurf kurz zurück, ehe er ihn in 2 Kor 3,5f auch inhaltlich bearbeitet. Dort unterstreicht er erneut, daß seine Eignung nicht aus ihm selbst, sondern nur aus Gott stammt, der ihn »befähigt hat, Diener des neuen Bundes zu sein«.

Empfehlungsbriefe in der Realität ...

Zum Vermarkten hingegen gehört Selbst- und Fremdempfehlung, kräftige Reklame ist angesagt. In dem Zusammenhang geht Paulus in 2 Kor 3,1 auf Empfehlungsbriefe ein. Sie auszustellen, entsprach gängiger antiker, auch jüdischer und urchristlicher Praxis. In seiner vorchristlichen Zeit war Paulus selbst mit Empfehlungsbriefen nach Damaskus unterwegs (Apg 9,2), und im Römerbrief (vgl. Röm 16,1f) stellt er Phoebe aus Kenchreä bei Korinth, die nach Rom reisen will, ein formgerechtes Empfehlungsschreiben aus. Auf diese Weise bewegen sich auch die Paulusgegner als Wandermissionare von Gemeinde zu Gemeinde: Als sie nach Korinth kamen, brachten sie solche Billetts mit, in denen ihnen eine andere griechische oder kleinasiatische Gemeinde ihr erfolgreiches Wirken als Prediger und vielleicht auch als Wundertäter bestätigte. Aus Korinth möchten sie, wenn sie wieder weiterziehen, ähnliche neue Schreiben mitnehmen.

... und im Bild

Für seine eigene Person lehnt Paulus eine solche Übung energisch ab. Er hat sie als Gemeindegründer zumal Korinth gegenüber einfach nicht nötig. Aber er formuliert diese Ablehnung nicht mit dürren Worten, sondern kleidet sie in ein schönes, mehrschichtiges Bild, das auf einer ersten Ebene die Vorstellung vom Briefeschreiben weiterspinnt und auf einer zweiten Ebene unter Aufnahme alttestamentlicher Gedankensplitter steinerne Tafeln und lebendige Herzen als »Schreibuntergrund« miteinander konfrontiert.

Die Gemeinde als Brief

Der beste Empfehlungsbrief für Paulus ist die korinthische Gemeinde selbst, deren Existenz er auch im ersten Brief (1 Kor 9,2) als »Siegel für sein Apostelsein« bezeichnet. Sie trägt er gleichsam in sein Herz eingraviert mit sich herum (wobei der etwas befremdliche Plural »in unseren Herzen« neben Paulus auch noch Silvanus und Timotheus aus 2 Kor 1,19 einschließen könnte). Potentiell wird so die korinthische Christengemeinde für alle Menschen zu einem unübersehbaren Hinweis auf Gottes Handeln in der Welt. Als Autor des Briefes sieht Paulus sich nicht selbst an, diese Ehre kommt nur Christus zu. Paulus fungiert bestenfalls als Schreibsklave, der nach Diktat den Text zu Papier bringt, oder mehr noch als Briefbote, der für die Verbreitung sorgt.

Schreibmaterial

Briefe werden mit Tinte auf Papyrus geschrieben, Inschriften auf Steintafeln eingemeißelt. Das Gesetz des ersten Bundes vom Berge Sinai war auf steinernen Tafeln verzeichnet, aber geschrieben von Gottes eigenem Finger (Ex 31,18). Gottes Gebote auf die »Tafel *des Herzens*« zu übertragen, fordert auch das Buch der Sprüche (Spr 7,3). Nach Ezechiel (vgl. Ez 11,19) verheißt Gott, er werde das versteinerte Herz der Menschen ersetzen durch ein Herz aus Fleisch, d. h. ein lebendiges, warmes, pulsierendes, fühlendes Herz. Mitten in dieses dichte Bezugsfeld zielt Paulus gegen Ende mit den Antithesen von Tinte und Geist, von steinernen Tafeln und Herzen aus Fleisch, was hier wiederum ihn und evtl. engste Mitarbeiter meint. Unmerklich leitet Paulus damit von der Gemeinde als einem Modellbrief über zum nächsten Gedankengang, der den Dienst des Mose am Sinai mit der Aufgabe des Apostels vergleicht.

8

Dienst im alten und neuen Bund

(6) Er [Gott] hat uns auch befähigt zu Dienern des neuen Bundes, nicht des Buchstabens, sondern des Geistes. Denn der Buchstabe tötet, der Geist aber macht lebendig. (7) Wenn schon der Dienst des Todes, in Buchstaben auf Steinen eingemeißelt, in Herrlichkeit geschah, so daß die Söhne Israels nicht fest in das Angesicht des Mose blicken konnten wegen der Herrlichkeit seines Angesichts, die doch vergeht, (8) um wieviel mehr wird da der Dienst des Geistes in Herrlichkeit sein? (9) Denn wenn schon dem Dienst der Verurteilung Herrlichkeit zukommt, fließt um so viel mehr der Dienst der Gerechtigkeit über an Herrlichkeit.

2 Kor 3,6–9

Paulus und Mose

»Dieser Becher ist *der neue Bund* in meinem Blut« lautet nach 1 Kor 11,25 das Becherwort in dem Abendmahlsbericht, den Paulus nach Korinth mitbrachte. Die prophetische (Jer 31,31) und frühjüdische, auch in Qumran lebendige Erwartung eines neuen Bundes war den Korinthern somit nicht nur bekannt, sie waren auch davon überzeugt, in diesem neuen Bundesverhältnis mit Gott zu leben. Paulus als vornehmster Diener seiner Gemeinde (vgl. 1 Kor 3,5) sieht sich nun veranlaßt, seine eigene Rolle im Gegenüber zu der des Mose, der beim ersten Bundesschluß am Sinai diente, zu definieren. Dabei mag ihn das Wissen geleitet haben, daß seine Gegner sich für ihr Selbstverständnis auf Mose als Beispiel eines geisterfüllten, mit ekstatischer Schau begnadeten, Herrlichkeit ausstrahlenden Verkündigers beriefen.

Geist und Buchstabe

In einem sprichwortartigen Diktum bündelt Paulus in Vers 6 den zuvor schon latent vorhandenen Widerstreit zwischen dem Buchstaben, der tötet, und dem Geist, der lebendig macht. Die Versuchung liegt nahe, das auf starre, kalte Buchstabengläubigkeit im Gegenüber zu impulsiven, spontanen Formen geistlichen Lebens zu deuten. Aber so meint Paulus das nicht, zumindest nicht derart unmittelbar, und es geht ihm ebensowenig um die Überbietung des strikten Wortsinns durch ein vertieftes spirituelles Schriftverständnis. Ihn bewegt vielmehr die Frage nach der Funktion des auf Steintafeln festgehaltenen Gesetzes des ersten Bundes, das er aber keineswegs einfach mit dem Buchstaben gleichsetzt. Es hat mancherlei Aspekte; es enthält z. B. auch die Verheißungen (2 Kor 1,20) und die Vorhersagen (Röm 3,2) Gottes. Der tötende Buchstabe hebt davon einen Gesichtspunkt heraus, der für Paulus allerdings mehr und mehr zum dominierenden wurde: Insofern das Gesetz vom Menschen nicht erfüllt wird und für ihn, wie die Erfahrung lehrt, im Grunde auch unerfüllbar bleibt, provoziert es entgegen seiner ursprünglichen Intention (vgl. Röm 7,10–14) Übertretungen und führt so zu einer immer tieferen Verstrickung in die todbringende Sünde. Anders gesagt: Solange das Gesetz lediglich auf dem Papier steht, nützt es nichts, sondern schadet nur. Aber diesen Zustand zu überwinden, vermögen aus eigener Kraft weder das Gesetz noch der Mensch. Verwandeln und neue Lebenskräfte stiften kann nur der Geist, in dessen Kraft Gott Jesus von den Toten erweckte und den er jetzt in unsere Herzen gießt.

Rechtfertigung

Das läßt auch die folgenden harten Urteile verständlicher erscheinen. »Dienst des Todes« und »Dienst der Verurteilung« nennt Paulus das Tätigwerden des Mose im Sinaibund. Dabei denkt er vom Ergebnis her, von der Verurteilung zum Tod, die das Gesetz über den Frevler ausspricht, weil es seiner ganzen Anlage nach nur Gerechte, nicht aber Übertreter gerechtsprechen kann. Es taugt nicht zur Rechtfertigung des gottlosen Sünders. Dieser Rettungstat Gottes aber haben alle Menschen bedurft. Sie zu verkünden ist Aufgabe des Dienstes im neuen Bund, der deshalb »Dienst der Gerechtigkeit« (V. 9) heißt. Übersehen wir aber nicht, daß Paulus nach wie vor auch dem Dienst des Mose Herrlichkeit zugesteht. Auch darin blitzte etwas von der Überfülle an Lichtglanz auf, die Gottes Wesen ausmacht. Nur leitet Paulus daraus in steigerndem Schlußverfahren die um so größere Herrlichkeit im neuen Bund ab, denn jetzt strahlt, wie er wenig später sagen wird (in 2 Kor 4,4.6), Gottes Lichtglanz für uns neu vom Antlitz Jesu Christi wider.

Schriftgelehrsamkeit

Wir lernen Paulus im übrigen hier auch als Schriftgelehrten pharisäisch-rabbinischer Prägung kennen. Bis zum Ende des dritten Kapitels folgt er ab Vers 7 nämlich der Erzählung von der Decke auf dem Gesicht des Mose in Ex 34,29–35. Mehr darüber im Anschluß an die folgenden Verse.

9

Das Ende einer Maskerade?

(12) Da wir nun eine solche Hoffnung haben, handeln wir mit viel Freimut (13) und nicht so wie Mose, der eine Decke auf sein Angesicht legte, damit die Söhne Israels das Ende des Vergänglichen nicht sähen. (14) Aber verhärtet wurde ihr Sinnen. Denn bis zum heutigen Tag verbleibt eben diese Decke über der Verlesung des alten Bundes. Sie wird nicht aufgedeckt, weil sie erst in Christus vergeht. (15) Vielmehr liegt bis heute, immer wenn Mose verlesen wird, eine Decke auf ihrem Herzen. (16) Wenn immer aber er sich hinwendet zum Herrn, wird die Decke weggenommen.

2 Kor 3,12–16

Demaskierung

Eine Maske vor dem Gesicht zu tragen ist allenfalls an Karneval erlaubt. Ansonsten erregt es Verdacht: Hat jemand üble Absichten? Will er etwas verbergen, ver-»schleiern«? Hat er Angst, sonst sein »Gesicht zu verlieren«? Unwillkürlich fühlen wir uns dazu gedrängt, ihm die Maske herunterzureißen, ihn im Sinn des Wortes zu ent-»larven«.

Offen und verhüllt

Man kann sich des Eindrucks kaum erwehren, daß Paulus hier mit Mose so ähnlich verfährt. Er bezieht sich dabei auf die Erzählung aus dem Buch Exodus (Ex 34, 29–35), die er schon kurz zuvor in 2 Kor 3,7 gebraucht hatte. Dort wird berichtet, wie Mose mit strahlendem Antlitz vom Berg Sinai herabsteigt, die ängstlichen Israeliten herbeiruft, zu ihnen redet, danach sein Gesicht verhüllt und diese Hülle erst wieder abnimmt, wenn er hineingeht (ins Bundeszelt), um mit Gott zu sprechen. Was eigentlich der Sinn dieser rätselhaften Aktion war, läßt sich nur schwer sagen. Verwiesen wird u. a. auf den Brauch heidnischer Priester, sich Göttermasken anzulegen, wenn sie, aus dem Tempel kommend, im Auftrag der Gottheit zum Volk sprechen. Bei Mose bestünde das Besondere dann darin, daß er dies genau umgekehrt handhabt. Er darf sich erlauben, zunächst direkt und offen die Botschaft Gottes auszurichten, um sich danach erst der Hülle zu bedienen.

Paulus als Exeget

Paulus geht mit diesem Grundtext sehr frei, um nicht zu sagen gewaltsam um, befindet sich damit aber öfter, als wir vermuten würden, in Übereinstimmung mit der jüdischen Exegese seiner Zeit. Ihm geht es um die Maske des Mose, nicht um sein freimütiges Reden, das er in Vers 12 für sich selbst reserviert. Das wiederholte Hineingehen des Mose ins Zelt deutet er so, daß der Glanz auf dem Antlitz der ständigen Erneuerung bedarf, weil er sonst erlischt. Eben das sollte den Israeliten durch die Hülle verborgen bleiben. Unterstellt Paulus dem Mose also ein absichtliches Betrugsmanöver? Man muß es nicht unbedingt so sehen, weil Paulus über die individuelle Gestalt des Mose hinauszielt in die Gegenwart, die er als Endzeit deutet. Was Mose nicht wußte, auch nicht zu wissen brauchte: daß sein Glanz von etwas Größerem abgelöst wird, vom Glanz Jesu Christi. Das deutet er nach Paulus in einer unfreiwilligen prophetischen Zeichenhandlung vorausgreifend an.

Von außen nach innen

Die Projizierung der alten Geschichte aus dem Buch Exodus auf die eigene christlichen Gegenwart kommt bei Paulus auch durch den Weg zum Ausdruck, den die Decke im Text zurücklegt. Nur anfangs fungiert sie als Gesichtsmaske für Mose. Sie wandert von dort weiter und liegt in Vers 14 über dem synagogalen Lesegottesdienst, bei dem die fünf Bücher des Mose als Gesetz im Mittelpunkt stehen (vgl. Apg 15,21: »Denn Mose hat von alten Zeiten her in jeder Stadt seine Verkündiger, da er in den Synagogen an jedem Sabbat vorgelesen wird«). In Vers 15 schließlich hat die Decke die Herzen der Zuhörer erreicht, sie ist internalisiert worden. Auch hier kommt es sehr darauf an, die Pointe genau zu bestimmen, die erst in Vers 16 sichtbar wird: Mose, der hineingeht zu Gott und aus diesem Anlaß die Hülle wieder ablegt, erscheint hier als Prototyp für jeden Menschen, der sich Christus zuwendet und sich zum Glauben an ihn bekehrt. Ihm fällt es wie Schuppen von den Augen, ihm wird es hell im Herzen, er versteht plötzlich, und die Decke, wo immer sie lag, ist endlich verschwunden.

Anlaß zu einem christlichen Triumphalismus gegenüber dem Volk des ersten Bundes sollten diese Verse im übrigen nicht bieten. Sie sollten uns eher daran erinnern, wie unverzichtbar tief seine heiligen Schriften eingegangen sind in die Substruktur jeder christlichen Theologie.

10

Verwandlungen

Wir alle aber schauen wie in einem Spiegel mit enthülltem Angesicht die Herrlichkeit des Herrn und werden verwandelt in eben dieses Bild hinein von Herrlichkeit zu Herrlichkeit, gleichwie vom Herrn des Geistes her.

2 Kor 3,18

Rollenwechsel

Von Maskerade haben wir, wenn auch mit Fragezeichen, im Anschluß an 2 Kor 3,12–16 gesprochen. Warum tun Menschen so etwas überhaupt, warum verkleiden sie sich? Dazu mag sie u. a. der uneingestandene Wunsch motivieren, die langweilige Alltagsexistenz wenigstens zeitweise abzulegen wie ein abgetragenes, altes Gewand, in eine neue Rolle zu schlüpfen und sich wie verwandelt zu fühlen.

Die Metamorphose

Von einer Verwandlung des gläubigen Menschen spricht auch Paulus. Berücksichtigen werden wir dabei, daß Verwandlung, »Metamorphose« im Griechischen, ein vielverhandeltes Thema antiken Denkens darstellt. Der römische Dichter Ovid hat darüber ein ganzes Buch geschrieben, voll von mythologischen Beispielen aus der Götter- und Menschenwelt. In den Mysterienkulten und in der Gnosis ist darüber hinaus die Konzeption anzutreffen, daß Verwandlung auf magische Weise geschieht durch Blick in einen Zauberspiegel oder Anschauen eines Götterbildes, dem sich der Myste im Prozeß des Schauens mehr und mehr angleicht.

Der Blick in den Spiegel

Welchen Sinn hat nun bei Paulus die Metamorphose? Zunächst weitet er, während er mit »wir« sonst sich selbst meint, in Vers 18 mit »wir alle« den Blickwinkel auf die Gesamtheit der Gläubigen aus. Anders als Mose und die Israeliten bedürfen sie keiner Hülle auf dem Antlitz mehr und können ohne Gefahr in den überhellen Lichtglanz blicken. Dennoch hält das Schauen »wie in einem Spiegel« – so eine Bedeutungsnuance des betreffenden Verbs im Urtext – auch den Gedanken an einen indirekten, vermittelten Vorgang fest. Dazu muß man wissen, daß direkte Gottesschau nach jüdischer Überzeugung unmöglich war. Die exzeptionelle Aussage, Mose habe Gott von Angesicht zu Angesicht gesehen (Ex 33,11; Num 12,8), erklären die Rabbinen später so, daß er Gott in einem klaren Spiegel sah, während den Propheten sein Anblick nur in einem trüben Spiegel gewährt wurde. Bei Paulus geschieht die Vermittlung über Jesus Christus, der selbst ein Ebenbild des unsichtbaren Gottes ist (2 Kor 4,4).

Das Bild des Herrn

Der Glanz göttlicher Herrlichkeit bestimmt die Existenzweise des auferstandenen Herrn, dem wir uns als Glaubende betrachtend und staunend nahen. Seine Herrlichkeit ergreift und verwandelt uns in einem dynamischen Prozeß, der nicht mehr zur Ruhe kommt. Das bewirkt der Auferstandene an uns durch das Medium seines Geistes, der auch die Art und Weise seiner Anwesenheit in der Gemeinde der Glaubenden darstellt (das soll mit »gleichwie vom Herrn des Geistes her« gesagt werden). Als Zielvorgabe steht uns sein Bild vor Augen, dem wir durch den Wandlungsprozeß mehr und mehr gleichgestaltet werden sollen.

Der Erfahrungshorizont

Überraschen mag die überschwengliche Sprache, die das christliche Leben nur noch unter dem Signum der Glorie zu sehen scheint. Aber es gibt Orte, wo auch ein solches hymnisches, jubelndes Sprechen erlaubt ist, z. B. den Gottesdienst. Hier erfahren Christen im Hören auf das Wort, im Gebet und im Sakrament die geistliche Gegenwart ihres Herrn. Außerdem steht der Vers bei Paulus nicht isoliert da. Umgewandelt werden in das Bild des Herrn hinein schließt auch Gleichgestaltung mit seiner Leidensexistenz ein (so Phil 3,10). Mit anderen, mindestens ebenso kühnen Worten sagt es Paulus im Galaterbrief: »Nicht mehr ich lebe, sondern es lebt Christus in mir« (Gal 2,20). Verwandlung erweist sich zuletzt als jene stille Kraft, die uns die harten Bewährungsproben des christlichen Lebens in gläubiger Haltung bestehen läßt.

11

Lichteffekte

(5) Denn wir verkünden nicht uns selbst, sondern Jesus Christus als Herrn, uns aber als eure Sklaven um Jesu willen. (6) Denn der Gott, der sprach: »Aus Dunkelheit soll Licht aufleuchten«, der hat es auch hell werden lassen in unseren Herzen, damit aufleuchten kann die Erkenntnis der Herrlichkeit Gottes auf dem Antlitz Jesu Christi.

2 Kor 4,5–6

Bekehrungssprache

Licht am Ende des Tunnels sehen, den Lichtstreifen am fernen Horizont wahrnehmen, das bedeutet soviel wie neue Hoffnung schöpfen und verloren geglaubte Zukunftsperspektiven zurückgewinnen. Die Redeweise vom Licht, das mir plötzlich aufgeht, umschreibt einen Zugewinn an Erkenntnis. Es verwundert daher nicht, wenn auch Bekehrungserlebnisse mit Hilfe einer ähnlichen Bildersprache nacherzählt werden. Die innere Wandlung, den Durchbruch zu neuer Gewißheit, erfährt der Betroffene als Überwältigtsein von einer Fülle inneren Lichts.

Was Paulus widerfuhr

Vergleichbares geschieht auch bei der abrupten Berufung des Paulus: Aus dem Christenverfolger wurde der Heidenmissionar. Die Apostelgeschichte berichtet, wie ihn auf dem Weg nach Damaskus plötzlich vom Himmel her ein Licht umstrahlte (Apg 9,3), das heller war als die Sonne (Apg 26,13). Zu dieser Sicht von außen steuert Paulus in 2 Kor 4,6 selbst die Binnenwahrnehmung bei. In seinem Herzen ist es hell geworden. Paulus spricht also, wie so oft, von sich selbst in der Wir-Form, die aber hier noch eine weitere Bedeutung hat: Was ihm widerfuhr, versteht er als Modell für seine Adressaten. Auch in ihren Herzen strahlt bei ihrer Bekehrung zu Christus das Licht des ersten Schöpfungstages wieder auf.

Zur Einordnung

Stellen wir aber zunächst den Zusammenhang her, in dem die beiden Verse 5 und 6 stehen. Das Verhökern des Gotteswortes um des schnöden Gewinnes willen war ein Vorwurf, den Paulus in 2 Kor 2,17 indirekt gegen seine Gegner erhoben hatte. In 2 Kor 3,1 sprach er von unangebrachter Selbst- und Fremdempfehlung. In dieses Umfeld gehört die Versicherung in 2 Kor 4,5, selbst keinesfalls die eigene Person zum Gegenstand der Verkündigung zu machen, auch nicht auf subtilen Umwegen. Im Zentrum seiner Predigt steht allein Jesus Christus. Zum Bekenntnis »Jesus ist der Herr« (Röm 10,9) möchte Paulus seine Hörer führen, damit hat Gott ihn beauftragt. Und Gott hat ihn dafür ganz und gar existentiell in Beschlag genommen, so daß Paulus sich nur noch als Sklave dieses Herrn Jesus versteht.

Licht und Finsternis

Geschehen ist dies, und hier kommt wieder Vers 6 ins Spiel, bei seiner Berufung. Paulus greift weit zurück, bis auf den Schöpfungsbericht, wo Gott am ersten Tag Licht und Finsternis mit machtvollem Wort voneinander scheidet (Gen 1,3f). Auch Stellen aus Jesaja dürften ihm vorschweben, wie Jes 9,1: »Über denen, die im Dunkel wohnen, strahlt ein großes Licht auf« (vgl. Jes 42,6f; 60,1–3 und öfter). Aufschlußreich ist ferner der jüdische Roman *Joseph und Aseneth,* der um die Zeitenwende entstand. Darin betet Josef aus Gen 37–50 um die Bekehrung der ägyptischen Priestertochter Asenat, seiner künftigen Frau (Gen 41,45): »Herr, Gott meines Vaters Israel..., der lebendig machte die Dinge alle und rief *von der Finsternis in das Licht...,* segne diese Jungfrau und mache sie wieder neu mit deinem Geist« (JosAs 8,10).

Der neue Schöpfungsmorgen

Bekehrung und Berufung, das ist die Summe aus diesen Beobachtungen, sieht Paulus als einen neuen Schöpfungsakt Gottes an, der in seiner Güte Menschen aus der Dunkelheit ins Licht führt und ihre finsteren Herzen erleuchtet. Aber selbst das stellt noch keinen Selbstzweck dar. Der Neubekehrte soll sich nicht selbstgenügsam in den Strahlen dieses geistigen Lichts baden. Das Ziel definieren die Schlußworte anders: Die Herrlichkeit Gottes wurde sichtbar in der Person Jesu Christi. Die Erkenntnis dieses Geschehens soll aufleuchten in aller Welt, und darauf zielt das Hellwerden im Herzen des Paulus und seiner Adressaten ab. Wie kommt es zum Aufleuchten der Erkenntnis? Durch die Predigt, durch das Wort der Verkündigung. Damit schließt sich der Kreis, der vom Schauen der Herrlichkeit des Herrn mit unverhülltem Angesicht in 2 Kor 3,18 über die Erleuchtung der Herzen bis zum Aufstrahlen der Evangelienbotschaft (vgl. 2 Kor 4,6) in aller Welt reicht.

12
Vorsicht: zerbrechlich!

(7) Wir haben aber diesen Schatz in tönernen Gefäßen, damit das Übermaß an Kraft Gott gehöre und nicht aus uns stamme.

(8) In allem sind wir bedrängt, aber nicht in die Enge getrieben; wir sind ratlos, aber nicht verzweifelt;
(9) wir werden verfolgt, aber nicht im Stich gelassen; wir werden zu Boden geworfen, gehen aber nicht verloren.

(10) Allezeit tragen wir das Sterben Jesu am Leibe herum, damit auch das Leben Jesu an unserem Leibe offenbar werde.

2 Kor 4,7–10

Das Gefäß

»Was ist der Mensch?«, fragt ein Zeitgenosse des Apostels Paulus, der römische Philosoph und Staatsmann Seneca, und gibt zur Antwort: »Ein zerbrechliches Gefäß, durch beliebige Erschütterung und beliebigen Stoß zu zerbrechen..., allen Mißhandlungen des Schicksals hilflos ausgeliefert« (Trostschrift an Marcia 11,3). Aus tiefstem Elend heraus, die zerstörte Stadt Jerusalem und ihre schwer geschlagenen Bewohner vor Augen, betrauert der Dichter der Klagelieder im Alten Testament »die Söhne Zions, die edlen, mit Feingold nur aufzuwiegen, jetzt aber gleichgeachtet Krügen aus Ton, von der Hand des Töpfers gemacht« (Klgl 4,2).

Der Schatz

Der kostbare Schatz und das minderwertige Tongefäß – mit diesem Gegensatz arbeitet auch Paulus in 2 Kor 4,7. Schätze verwahrt man in fest verriegelten Kammern oder in eisenbeschlagenen Truhen, nicht in einem irdenen Krug, der bei jeder Attacke zu Bruch geht. Die beabsichtigte Härte des Bildgebrauchs bei Paulus zwingt uns dazu, sehr genau nach dem Aussageziel zu fragen. Mit dem Schatz ist die Christuserkenntnis aus 2 Kor 4,6 gemeint, aber auch die Evangeliumsverkündigung aus 2 Kor 4,5, das unverhüllte Angesicht aus 2 Kor 3,18 und die Herrlichkeit des Dienstes im neuen Bund aus 2 Kor 3,9f. Aber, so gibt Paulus nun gegen einen naheliegenden Einwand zu verstehen, das alles spielt sich verborgen in einer Tiefenschicht christlicher Existenz ab, die nur für die Augen des Glaubens sichtbar wird. Wer von außen auf Paulus blickt, sieht lediglich, wie ein zerbrechlicher Mensch ein vielfach gefährdetes, um nicht zu sagen erbärmliches Leben führt.

Ein Leidenskatalog

Was Paulus alles ertragen muß, sagt er in der Leidensliste von Vers 8–9 in den vier Vordergliedern mit allgemeinen Worten: Er fühlt sich oft bedrängt, ratlos, verfolgt, am Boden zerstört oder, um das Bild vom Tonkrug weiterzuführen, völlig zerschlagen. Heben die verneinten Nachsätze – »aber nicht in die Enge getrieben«, »aber nicht verzweifelt« usw. – das wieder auf? Nur sehr bedingt, denn die Unterschiede sind z.T. hauchdünn. Über den Abstand zwischen »bedrängt« und »beengt« kann man streiten, zumal Paulus an anderer Stelle beides unter seinen Leiden verbucht (vgl. 2 Kor 6,4). In 2 Kor 1,8 konzediert Paulus für einen konkreten Einzelfall genau das, was er hier als grundsätzliche Haltung bestreitet, daß er nämlich völlig verzweifelt war und nicht mehr mit seinem Weiterleben rechnete. Die Hoffnung, nicht verlorenzugehen, zielt auf das Endgericht, und Gott ist es, der den Apostel nicht im Stich läßt, sondern seine in Vers 7 angesprochene Kraft an ihm erweist.

Gleichzeitigkeit

In paradoxer Gleichzeitigkeit fällt in der Person des Apostels zusammen, was sich bei Jesus in zeitlichem Nacheinander ereignete: Sterben und Auferstehen, Tod und neues Leben. Mit seinem Leib, der gezeichnet ist von Narben und Spuren strapaziöser Missionsreisen (vgl. Gal 6,17: »Denn ich trage die Wundmale Jesu an meinem Leib«) repräsentiert er das Leidensschicksal Jesu, macht er leibhaftig Propaganda für seinen gekreuzigten Herrn (so ist »wir tragen herum« in Vers 10 zu verstehen). Aber seine Person wird auch zum Ort für die Erfahrung von Auferstehungswirklichkeit. Anders kann man nicht mehr erklären, wieso auf diesem Wege überhaupt etwas Produktives zustande kommt. Hier muß Gott handeln

mit der Macht, mit der er seinen Sohn von den Toten erweckte.
Große Worte, gewiß, aber wo sind die Beweise? Wenn wir ein wenig weiterlesen, stoßen wir auf einen »Beweis«, denn in Vers 12 schreibt Paulus: »So wirkt der Tod an uns, das Leben aber an euch.« Die beiden Etappen bleiben simultan gegenwärtig, erscheinen jetzt aber aufgeteilt auf zwei Rollenträger, auf den Apostel und die korinthische Gemeinde. Ihr Dasein als Resultat der Gründungspredigt des Apostels belegt, daß die kostbare Lebenskraft des Evangeliums sehr wohl zusammenpaßt mit der fragilen Existenzweise seiner Boten.

13

Eine Dankliturgie

(13) Weil wir aber den gleichen Geist des Glaubens haben gemäß dem, was geschrieben steht: »Ich habe geglaubt, deshalb habe ich geredet«, glauben auch wir, deswegen reden wir auch. (14) Wir wissen, daß der, der Jesus auferweckt hat, auch uns mit Jesus auferwecken wird und uns mit euch vor sich hinstellen wird. (15) Denn das alles geschieht um euretwillen, damit die Gnade, gesteigert durch immer mehr Menschen, die Danksagung überströmen lasse zur Ehre Gottes.

2 Kor 4,13–15

Altes und Neues

Die Originalität eines großen Denkers oder eines kreativen Autors besteht längst nicht nur in dem, was er aus

Eigenem völlig neu zu schöpfen vermag. Mindestens ebenso wichtig ist, wie er es versteht, mit älteren Stoffen umzugehen, wie er sich Bekanntes aneignet und zu neuen Mustern zusammenwebt. Das verhält sich bei Paulus nicht anders. Auch er lebt aus Vorgegebenem. So zitiert er in unserem kleinen Abschnitt in Vers 13 einen Psalmvers aus dem Alten Testament, in Vers 14 eine urchristliche Glaubensformel und in Vers 15 schließlich sich selbst, indem er auf den vielstimmigen Chor des Dankens in 2 Kor 1,11 zurückgreift.

Das Psalmzitat

Die Psalmen waren für Paulus heilige Schrift und Gebetbuch in einem. Das Danklied eines Geretteten in Psalm 116 enthält eine Reihe von Motiven, die auf seine eigene Situation hin transparent werden: das Umfangensein von den Fesseln des Todes, von Bedrängnis und Kummer; die Gewißheit, daß Gott in seiner Gnade und Barmherzigkeit den Beter behütet; den Dank für erfahrene Hilfe, der vor dem ganzen Volk ausgesprochen wird. Kein Zweifel, Psalm 116 konnte Paulus zur Erhellung seiner Existenz dienen. Den direkten Vergleich beschränkt er allerdings darauf, aus Ps 116 den textlich schwierigen Vers 10 anzuführen, der in gängigen Übersetzungen lautet: »Voll Vertrauen war ich, auch wenn ich sagte: Ich bin gar tief gebeugt.« Aus einer Umformulierung der ersten Hälfte dieses Verses bezieht Paulus das Schriftwort im vorliegenden Abschnitt (in V. 13): »Ich habe geglaubt, deswegen habe ich geredet.« Ihn beseelt, das will er zunächst damit festhalten, das gleiche Gottvertrauen, das die Klage- und Danklieder des Psalmenbuches so eindrücklich kundtun. Das Reden bedeutet auf einer ersten Ebene wie im Psalm, von der eigenen Not und ihrer Bewältigung offen vor anderen Menschen zu berichten, was Paulus zuvor in 2 Kor 4,8–10 getan hat. Darüber hinaus bedeutet Reden jetzt aber auch – und damit setzt Paulus einen neuen Akzent – den eigenen Glauben an Gott weiterzugeben durch die Verkündigung des Evangeliums von seinem Sohn.

Die Glaubensformel

Einen Basissatz urchristlichen Glaubens, der sich in den ältesten Traditionsschichten des Neuen Testaments findet, führt Paulus in Vers 14 im Wortlaut an: Gott hat Jesus von den Toten auferweckt. Die Fortsetzung fügt er selbst interpretierend hinzu. Auf dem Glauben an die Auferweckung Jesu beruht unsere eigene Hoffnung auf eine zukünftige Auferstehung, die unserem gegenwärtigen Leben schon eine neue Sinndimension schenkt. Wir werden dann mit Christus sein, in die Nähe Gottes gelangen und Zugang finden zur Gemeinschaft mit ihm. Was Paulus dabei besonders am Herzen liegt: Bei der Gelegenheit werden auch der Apostel und seine Gemeinde endlich wieder miteinander vereint sein (»... und *uns mit euch* vor sich hinstellen wird«, was die Gegenüberstellung von Vers 12: »so daß der Tod *an uns* wirkt, das Leben *an euch*« in einer höheren Einheit wieder aufhebt).

Das Selbstzitat

Vers 15 schließlich mit dem verdeckten Selbstzitat (vgl. 2 Kor 1,11) ist schwer zu übersetzen und auch nicht ganz leicht zu verstehen. Das Entscheidende besteht darin, daß Paulus hier die in Vers 13 angebahnte Ausrichtung auf die missionarische Verkündigung durchhält. Alles soll dem einen Zweck dienen, daß in Korinth eine christliche Gemeinde entstehen und wachsen kann. Je mehr hinzugewonnen werden, um so sichtbarer zeigt sich, welch große Gnade auf dem Werk des Paulus ruht, um so mehr wächst aber auch der Chor der Menschen an, die mit ihrem Dankgebet den empfangenen Gnadenerweis auf seinen Spender, nämlich Gott, zurückreflektieren und ihm allein die Ehre geben. »Dir will ich ein Opfer des Dankes bringen ..., offen vor deinem ganzen Volk« (Ps 116,17f).

14
Schwarzweißmalerei?

(16) Deshalb verzagen wir nicht, sondern auch wenn unser äußerer Mensch aufgerieben wird, so wird doch unser innerer erneuert Tag für Tag. (17) Denn die gegenwärtige leichte Last unserer Bedrängnis verschafft uns über jedes Maß hinaus ein ewiges Gewicht an Herrlichkeit, (18) da wir nicht auf das Sichtbare blicken, sondern auf das Unsichtbare. Denn das Sichtbare ist zeitweilig, das Unsichtbare aber ewig.

2 Kor 4,16–18

Kontraste

Auch im Zeitalter der Farbbildschirme werden gelegentlich immer noch Fotos in Schwarzweißtechnik angefertigt und Filme in Schwarzweiß gedreht (Schindlers Liste!), aus ästhetischen und künstlerischen Gründen: Die Kontraste treten schärfer hervor; die Tiefenstrukturen lassen sich wie auf einem Röntgenbild besser sichtbar machen.

In Schwarz und in Weiß, ohne Zwischentöne, scheint auch der Abschnitt 2 Kor 4,16–18 gehalten zu sein. Jedenfalls durchziehen ihn scharfe Gegensätze, die sich zwei

Begriffsreihen zuordnen lassen. Es stehen sich je paarweise gegenüber: äußerer Mensch und innerer Mensch, aufgerieben werden und erneuert werden, leichte Last und schweres Gewicht, Bedrängnis und Herrlichkeit, das Sichtbare und das Unsichtbare, zeitweilig und ewig. Wir könnten diese Betrachtungsweise nach rückwärts verlängern in die Kapitel 3 und 4 hinein, zum Beispiel bis hin zu den tönernen Gefäßen und dem kostbaren Schatz in 2 Kor 4,7, aber auch bis zu den steinernen Tafeln und den lebendigen Herzen als Gottes Schreibmaterial in 2 Kor 3,3.

Hochspannung

Aus einem andauernden Oszillieren zwischen einem Pluspol und einem Minuspol bezieht dieser Text also seine enorme Spannung. Bei der Auslegung ist aber erhöhte Vorsicht angebracht. Es fragt sich ja: Denkt Paulus also doch dualistisch? Teilt er den Menschen auf in eine wertlose äußere Hülle, den Leib, und einen inneren Kern, die Seele, auf die allein es ankommt? Läßt er das Leben in zwei Stockwerken ablaufen, einem unteren, erdverhafteten, und einem oberen, ideellen, bei einseitiger Bevorzugung der zweiten, unsichtbaren Dimension? Der Verdacht liegt um so näher, als die Redeweise vom äußeren und inneren Menschen tatsächlich im letzten auf Platon zurückzuführen ist. Er unterscheidet im Rahmen seiner philosophischen Ideenlehre zwischen dem unwichtigen Äußeren, das wie ein Mensch aussieht, und dem allein maßgeblichen Menschen innen drin, den er mit dem vernunftbegabten Teil der Seele gleichsetzt (Politeia 9,12).

Der ganze Mensch

Trotz der terminologischen Annäherung denkt Paulus anders, ganzheitlicher, biblischer. Er sieht den Menschen als personale Einheit, betrachtet ihn aber unter verschiedenen Aspekten, die alle sehr real sind, auch wo sie unvereinbar scheinen. Mit dem äußeren Menschen meint er im Kontext zum Beispiel ganz konkret sich selbst, wie die Korinther ihn, von außen betrachtet, wahrnehmen, mit seiner wahrlich »aufreibenden« Tätigkeit und seinem leidgeprüften Dasein. Der innere Mensch betrifft jene Sinndimension, die es mit Gottes Handeln an ihm und durch ihn zu tun hat. Allgemeiner gesagt: Äußerer und innerer Mensch bezeichnen jeden Glaubenden, sofern er sich zum einen, hineinverflochten in diese Welt, ihren Bedingungen stellen muß, zum anderen aber, sakramental verwandelt (vgl. 2 Kor 3,18) durch die Taufe, zu einem neuen Geschöpf Gottes wurde (vgl. 2 Kor 5,17) und von dorther seine handlungsleitenden Impulse bezieht. Paulus plädiert gerade nicht für die Flucht aus einer bösen Gegenwart in ein überzeitliches Reich der Ideen und Träume, sondern für eine Bewältigung der widerständigen irdischen Wirklichkeit aus einem geschlossenen, gläubigen Lebensentwurf heraus.

Der Mehrwert

Im übrigen besteht bei Paulus gar keine echte Symmetrie zwischen der positiven und der negativen Aussagereihe, wie es bei reiner Schwarzweißmalerei vorauszusetzen wäre. Die positive Seite gewinnt eindeutig, im Sinn des Wortes (siehe Vers 17), das »Übergewicht«, nicht nur durch die unterschiedliche Wertigkeit von »erneuert werden« gegenüber »aufgerieben werden« in Vers 16 oder von »zeitlich« gegenüber »ewig« in Vers 18, sondern vor allem auch durch die Steigerung des Schwergewichts der Herrlichkeit »über jedes erdenkliche Maß hinaus« in Vers 17. Darin verschafft sich der Mehrwert der Gnade einen angemessenen Ausdruck, darin zeigt sich die Erkenntnisleistung des Glaubens.

15

Vom Erdenzelt zum Himmelshaus

(1) Denn wir wissen: Wenn unser irdisches Zelthaus abgebrochen wird, haben wir als Bauwerk von Gott her ein nicht mit Händen gemachtes ewiges Haus im Himmel. (2) Denn eben deswegen seufzen wir, weil wir danach begehren, mit unserer Behausung aus dem Himmel überkleidet zu werden, (3) damit wir als Bekleidete nicht nackt erfunden werden. (4) Denn gerade wir, die wir in dem Zelt sind, seufzen schwer bedrückt, weil wir nicht entkleidet, sondern überkleidet werden wollen, damit das Sterbliche vom Leben verschlungen wird. (5) Der uns dazu zugerüstet hat, ist Gott, der uns als Anzahlung den Geist gegeben hat.

2 Kor 5,1–5

Von Platon zum Weisheitsbuch

Entblößt vom Leibe, »nackt«, so enteilt bei Platon die Seele in die Unterwelt (Kratylos 403B), »nackt« steht sie dort vor ihren Richtern (Gorgias 523F), und das ist nur zu begrüßen, denn das Körperliche drückt die Seele bloß nieder, belastet und beschwert sie (Phaidon 81C). Auch im Buch der Weisheit, das zum erweiterten Kanon des Alten Testaments gehört, steht zu lesen: »Der vergängliche Leib belastet die Seele, und das irdische Zelt beengt den vielsinnenden Geist« (Weish 9,15). Daß sich diese anthropologische Standortbestimmung im Weisheitsbuch der verführerischen Strahlkraft des platonischen Denkens verdankt, zumindest sprachlich gesehen, wird man kaum bezweifeln können.

Wie sich die Bilder gleichen ...

Ganz ähnlicher Bilder bedient sich auch Paulus in unserem Textstück (2 Kor 5,1–5), und er gelangt darüber hinaus zu ähnlich lautenden Wertungen. Er vergleicht die irdische Existenz zunächst mit einem Zelt, das man nur provisorisch errichtet und nach Gebrauch rasch wieder abbrechen kann. Als Gegenentwurf, als solides, dauerhaftes Bauwerk, faßt er ein ewiges, himmlisches Haus ins Auge, das Gott uns garantiert. Gott hat, so Vers 5 mit einer Metapher aus der Finanzwelt, darauf bereits eine verpflichtende Anzahlung geleistet. Spätestens mit Vers 3 wechselt Paulus zu einem neuen Bildfeld über und spricht von Nacktsein und Bekleidetsein, bezogen offenbar auf sein persönliches Dasein. Beide Linien, die Baumetaphorik und die Gewandmetaphorik, verknüpft er bereits in Vers 2, wo er der Hoffnung Ausdruck gibt, mit der *Behausung* aus dem Himmel *überkleidet* zu werden. Deutlich tritt auch die jeweilige Wertung zutage: Der Aufenthalt im Zelt gibt Anlaß zu bedrücktem Seufzen, dem himmlischen Haus gilt das ganze Verlangen.

Fragen an Paulus

Wie zu 2 Kor 4,16, dem Vers, der vom äußeren Menschen, der aufgerieben, und vom inneren, der täglich erneuert wird, spricht, müssen wir auch hier wiederum die Frage stellen: Hat Paulus sich also doch im Laufe der Zeit einem mehr platonischen Menschenbild geöffnet? Fürchtet er sich vor einer möglichen »Nacktheit«, d. h. der Leiblosigkeit seiner Seele, die eine Zeitlang eintreten könnte, wenn er vorzeitig, nämlich vor der Wiederkunft Christi stirbt? Oder setzt er sich wenigstens polemisch von Gegnern ab, die eine solche Leiblosigkeit als erstrebenswerten Zustand hinstellen?

Halten wir als erstes fest, daß Paulus hier anders als Platon, anders auch als das Weisheitsbuch, Leib und Seele direkt gar nicht erwähnt. Wir sollten seine Bildersprache, auch wenn ihre Entschlüsselung zugegebenermaßen nicht leicht fällt, also auch nicht auf diesen handlichen Gegensatz reduzieren. In der Verlängerung dessen, was wir zu 2 Kor 4,16–18 bereits ausgeführt haben, gilt vielmehr: Paulus betrachtet den einen und ganzen Menschen, er betrachtet noch konkreter sich selbst aus verschiedenen Blickwinkeln heraus.

Die Sinnkrise

Das Problem besteht dabei in der äußeren Unscheinbarkeit seines Auftretens und damit verbunden in der Unsichtbarkeit der verheißenen Fülle des Heils, was noch einmal verschärft wird durch die immer realere Möglichkeit eines zu frühen Todes. Das mochte sich bei Paulus bis zu einer persönlichen Sinnkrise hin zuspitzen und seinen Kritikern Anlaß zu manchen süffisanten Bemerkungen geben. Dennoch hält Paulus unbeirrt daran fest, daß Gottes Zusagen ihn tragen, in diesem und im künftigen Leben. Wann immer das Überkleidetwerden mit der neuen, himmlischen Leiblichkeit für ihn selbst geschieht, Gott wird darüber die richtige Entscheidung fällen. Und in der Gegenwart mit all ihren Grenzen ist doch auch die grenzenlose Zukunft schon präsent durch den Geist, den Gott uns allen schenkt.

Sichtbare Zeichen

Selbstverständlich setzt dieser Geist auch sichtbare Zeichen, die man nur zu lesen verstehen muß. Er befähigt, um ein Beispiel zu nennen, im Moment der Niederschrift des Briefes den Apostel dazu, auch seiner Sehnsucht nach einem sofortigen »Überkleidetwerden« bei der Wiederkunft Christi (vgl. 1 Kor 15,51–54) oder nach der vollendet realisierten Christusgemeinschaft bei seinem baldigen Tod (vgl. Phil 1,23f) nicht weiter nachzuhängen, sondern sich auf die Aufgabe zu konzentrieren, die ihm gestellt ist.

16

Verbannung und Heimkehr

(6) Allezeit nun guten Mutes und in dem Wissen, daß wir, noch im Leib zu Hause, fern sind vom Herrn – (7) denn wir wandeln im Glauben, nicht im Sichtbaren –, (8) guten Mutes also ziehen wir es vor, lieber auszuwandern aus dem Leib und heimzuwandern zum Herrn. (9) Deshalb setzen wir auch unseren Ehrgeiz darein, ob in der Heimat oder in der Fremde, ihm zu gefallen. (10) Denn wir alle müssen vor den Richterstuhl Christi treten, damit ein jeder seinen Lohn empfange für das, was er im Leib getan hat, sei es Gutes, sei es Böses.
2 Kor 5,6–10

Erfahrungen mit dem Exil

In der ersten seiner Duineser Elegien stellt Rainer Maria Rilke fest: »... und die findigen Tiere merken es schon, daß wir nicht sehr verläßlich zu Haus sind in der gedeuteten Welt.« Das Kirchenlied stimmt in der gleichen Tonlage mit ein, wenn es uns nur als Gast auf Erden wandern läßt, ruhelos und mit mancherlei Beschwer' unterwegs zur ewigen Heimat. Zur Zeit des Paulus galt bei den Römern im übrigen die Deportation als eine der schwersten

Strafen überhaupt. Wir besitzen bewegende Klagen von Autoren über das elende Leben im Exil. Und vergessen wir nicht, daß die Erfahrung von Verbannung und Heimkehr auch zu den Glaubenstraditionen Israels zählt. Nie geriet der Auszug aus Ägypten in Vergessenheit, nie das babylonische Exil.

Heimat und Fremde, Einwandern und Auswandern – die Wahl dieser Begriffe durch Paulus zwingt uns erneut dazu, sein Zeit- und Weltverständnis zu überdenken. Trennt uns denn, so wäre mit aller Schärfe zu fragen, der Leib vom Herrn? Will Paulus das irdische Leben abwerten als bloße Durchgangsstation, als notgedrungenen Aufenthalt in einer Verbannung, die es möglichst rasch zu überwinden gilt?

Entsprechungen

Wie auch sonst, geht es hier nicht um ein Entweder-Oder, sondern um ein Mehr oder Weniger. Verständlicher werden die Alternativen, wenn wir sie wieder in den größeren Zusammenhang einordnen. Die Negierung des Sichtbaren in Vers 7 weist auf 2 Kor 4,16 zurück: Das vollendete Heil, nach dem wir ausblicken, ist jetzt noch unsichtbar. Der Heimat und dem Einwandern entsprechen in den Versen 1–4 das himmlische Haus und das Überkleidetwerden, der Fremde und dem Auswandern das irdische Zelt und das Entkleidetwerden. In Vers 4 sprach Paulus davon, daß »das Sterbliche vom Leben verschlungen wird«. Auch hier dürfen wir die Begriffe nicht pressen. Das Sterbliche umfaßt das leibliche, irdische Leben, das Leben meint in diesem Satz nur das Auferstehungsleben, aber unter Einschluß einer geistgewirkten Leiblichkeit (1 Kor 15,44).

Ein spannungsreicher Prozeß

Aus dem Vergleich ergibt sich auch, daß der Leib in Vers 6 und Vers 8 auf den sterblichen, irdischen Leib zu beschränken ist und mehr damit nicht behauptet wird. Paulus will auch nicht ausschließen, daß der Herr im Geist jetzt schon bei uns weilt, vielmehr umkreist er auf andere Weise den prozeßhaften Charakter christlicher Existenz, der aus ihrem Ausgespanntsein zwischen den Zeiten resultiert. In der Gegenwart kommt die Fülle des geschenkten Heils nur sehr gebrochen zur Darstellung, sie erreicht nicht jenes Übermaß an Glanz und Herrlichkeit, das wir von ihrer vollendeten Realisierung erwarten dürfen. Immerhin gibt es auch einen Fortschritt zu notieren: Das Seufzen aus Vers 2 und Vers 4 hat jetzt dem frohen Mut und der Zuversicht von Vers 6 und Vers 8 Platz gemacht.

Die Bedeutung von Leben und Leib

Das deutet schon darauf hin, daß die Sehnsucht nach der fernen Heimat keineswegs von der frohgemuten Bewältigung des gegenwärtigen Lebens ablenken will, ganz im Gegenteil. Die verbleibende Zeit muß genutzt werden, immer und überall muß unser Ehrgeiz dahin gehen, dem Herrn zu gefallen (V. 9). Paulus unterstellt das irdische Leben dem Prinzip der Verantwortung, und er macht das in Vers 10 hauptsächlich am Leib fest. Als Maßstab wird beim Endgericht das gelten, was wir getan haben »im Leib«, was hier bedeuten kann »während unserer irdischen Lebenszeit« oder auch »durch den Leib« als Träger unseres Handelns und unserer Fähigkeit, anderen zu begegnen. Wenn wir davon ausgehen, daß Leib bei Paulus soviel wie Person, Selbst bedeuten kann, dürfen wir geradezu sagen: Es kommt darauf an, was einer aus sich selbst gemacht hat, wie jemand sich selbst in den Dienst des Herrn gestellt hat. Das leibliche Leben ist der einzige Ort der Bewährung und der irdische Leib ihr Instrument.

Vom Endgericht

Beachten wir schließlich auch die vorsichtige Art, mit der Paulus hier vom Gericht spricht. Er erwähnt den Richterstuhl Christi und den Lohn, nicht aber die Strafe, obwohl sie in der Schlußwendung »sei es Gutes, sei es *Böses*« mitgesetzt sein dürfte, sofern sie nicht einfach im Ausbleiben des Lohnes besteht. Aber er entwickelt keine drohenden, angsteinflößenden Schreckensgemälde. Vielmehr spricht er den Menschen auf seine Freiheit und seine Verantwortung hin an, und dazu gehört es auch, einzustehen für seine eigenen Taten. Sich verantworten bedeutet im übrigen Antwort geben, Antwort auf Gottes Ruf und Gottes Gnade.

17

Ein Zwischenspiel

(11) Im Wissen also um die Furcht des Herrn »überreden« wir Menschen, vor Gott aber sind wir offenbar geworden. Ich hoffe aber, auch in euren Gewissen offenbar geworden zu sein. (12) Wir wollen nicht schon wieder uns selbst bei euch empfehlen, sondern euch einen Anlaß geben zum Rühmen unseretwegen, damit ihr etwas habt gegenüber denen, die sich des Äußeren rühmen und nicht des Herzens. (13) Denn wenn wir von Sinnen waren, dann geschah es vor Gott; wenn wir aber besonnen

sind, geschieht es für euch. (14) Denn die Liebe Christi drängt uns, zumal wir zu dem Urteil kamen: Einer starb für alle, folglich sind alle gestorben. (15) Und für alle starb er, damit die Lebenden nicht mehr sich selbst leben, sondern dem, der für sie starb und auferstand.

2 Kor 5,11–15

Höhenflüge

Paulus hat sich weit davontragen lassen vom Schwung seiner Gedanken, und er hat seinen theologischen Höhenflug noch immer nicht beendet, sondern setzt mit Vers 14 zu einer neuen Etappe an. Aber zwischendurch bindet er das alles in den Versen 11–13 wieder deutlicher an die Situation zurück, in der er sich befindet. Bekannte Themen, die anscheinend immer noch nicht hinreichend bearbeitet sind, schieben sich in den Vordergrund, so die umstrittene Selbstempfehlung aus 2 Kor 3,1 oder der Gegensatz von Angesicht und Herz, von Außen und Innen, aus 2 Kor 3,13–16.

Selbst- und Fremdbeurteilung

Im einzelnen knüpft Paulus mit »Furcht des Herrn« an die Gerichtsszene in 2 Kor 5,10 an. Im Bewußtsein, sich vor Christus verantworten zu müssen, übt Paulus seine werbende Verkündigungstätigkeit aus. Wer böswillig interpretiert, kann ihm das als ein »Überreden« (ein Terminus aus der antiken Schulrhetorik) oder Beschwatzen von Menschen auslegen. Paulus weiß es besser, und er ist sich sicher, daß auch Gott es besser weiß. Und noch eine Instanz gibt es, die davon wissen sollte, nämlich das Gewissen der Korinther. Die Gewissenskonzeption befindet sich bei Paulus noch im Anfangsstadium ihrer christlichen Aneignung. Sie hat sich hier noch eine Eigentümlichkeit bewahrt, insofern das Gewissen nicht nur zur sittlichen Selbstbeurteilung, sondern auch zur Fremdbeurteilung, was in diesem Fall die Beurteilung des Paulus durch die Korinther meint, geeignet ist.

Ein Seitenhieb

Einsicht in die innersten Beweggründe des Paulus würde, anders gesagt, auf seiten der Korinther Skepsis und Zweifel zum Verstummen bringen. Das soll man nun nicht als Selbstempfehlung mißverstehen, sondern Paulus will damit seiner Gemeinde eine Argumentationshilfe an die Hand geben, die sie gegen die Paulusgegner in ihren eigenen Reihen wirksam einsetzen kann. Ihnen macht er in Vers 12 den Vorwurf, daß sie zu sehr an äußeren Effekten hängen und es um das Innere ihres Herzens nicht zum besten steht. Was das für äußere Dinge sind, können wir aus Vers 13 noch einigermaßen erschließen, denn dort spielt Paulus mit »von Sinnen sein« auf ekstatische Erlebnisse an. Visionen und Verzückungszustände gehören hierher, aber auch die in Korinth hochgeschätzte Zungenrede. Paulus hätte auf diesem Feld durchaus einiges vorzuweisen. Als begnadeter Zungenredner hat er sich z.B. im ersten Korintherbrief gerühmt (1 Kor 14,18), und auf selbst erlebte Visionen kommt er im zweiten Korintherbrief zu sprechen (2 Kor 12,1–4). Aber von »mystischen« Erlebnissen redet Paulus nicht oder nur gezwungenermaßen. Sie spielen sich zwischen Gott und ihm ab, für die Gemeinde bringen sie keinen Nutzen. Hier sind vernünftige Worte unendlich hilfreicher. Deshalb ist Besonnenheit die Signatur seines Verhaltens in der Öffentlichkeit, das immer auf das geistliche Wohlergehen seiner Gemeinde hingeordnet bleibt. Dafür gibt es auch einen tiefen theologischen Grund, und damit sind wir bei dem neuen Aufschwung angelangt, der mit Vers 14 beginnt.

Die Aneignung eines Glaubenssatzes

Die »Furcht vor dem Herrn« in Vers 11 wird in Vers 14 überboten von der Liebe, die Christus nicht zuletzt auch dem Paulus erwiesen hat. Worin sie besteht, erläutert Paulus mit Hilfe einer älteren Glaubensformel, die wir auch aus der Abendmahlsüberlieferung kennen: Christus starb für uns alle. Paulus zitiert nicht nur, er gibt durch die Einleitung mit »zumal wir zu dem Urteil kamen« auch zu verstehen, daß er sich diesen Glaubenssatz existentiell angeeignet hat. Einer Erklärung bedarf sicher die erste Folgerung, daß nämlich mit Christi Sterben am Kreuz alle gestorben seien. Sie erschließt sich vom Modell der repräsentativen Stellvertretung und von Röm 6,2–7 her. Wie die Stammväter im Alten Testament repräsentiert der Eine die ganze Menschheit; was ihm zustößt, kann von allen ausgesagt werden. Sein Tod wirkt für alle so, als seien sie selbst gestorben und hätten dadurch die Last ihrer Sünden abgebüßt. Außerdem werden alle, die sich taufen lassen, durch diesen Akt mithineingenommen in den Tod des Herrn.

Die Folgen

Dennoch: Das Leben geht weiter. Aber auch hier zeitigt das Sterben Christi für uns erhebliche Folgen, denn wir gehören als Lebende fortan nicht mehr uns selbst, sondern dem Herrn. Wie er werden wir in Zukunft nicht mehr für uns selbst, sondern für die anderen da sein. Pro-Existenz, Dasein für andere, wird zum entscheidenden Charakteristikum des Weges Christi und aller, die ihm folgen.

18

Neuheitserlebnisse

(16) Darum kennen wir von nun an niemanden mehr dem Fleische nach. Auch wenn wir dem Fleische nach Christus gekannt haben, so kennen wir ihn doch jetzt nicht mehr so. (17) Darum: Wenn einer in Christus ist, ist er eine neue Schöpfung. Das Alte ist vergangen, siehe, Neues ist geworden.

2 Kor 5,16–17

Neue Schöpfung

Im letzten Buch der Bibel vernimmt gegen Ende hin der Seher vom Thron Gottes die Verheißung: »Siehe, ich mache alles neu« (Offb 21,5). Die Sehnsucht nach einem neuen Anfang, nach einer grundlegenden Erneuerung der defizitär erlebten alten Welt, ist tief im Menschen verankert. Beispiele aus dem persönlichen und gesellschaftlichen Leben wären leicht zu finden; ständig neu aufgelegte Reformprogramme sprechen ihre eigene Sprache. In der Schrift verschafft sich dieses Verlangen Ausdruck in Form der Hoffnung auf einen neuen Himmel und eine neue Erde (Jes 65,17 und öfter). Eine neue Schöpfung wird angesagt. Aber sie kann im Vorgriff auch schon erfahren werden im rettenden Eingreifen Gottes in die Geschichte, wie in Jes 43,18f, einer Stelle, auf die Paulus in 2 Kor 5,17 wohl zurückblickt: »Denkt nicht mehr zurück an das Frühere, und achtet nicht mehr auf das Alte. Siehe, ich mache Neues; schon sproßt es, gewahrt ihr es nicht?« Im zeitgenössischen Judentum, in Qumran etwa, hat man Neuschöpfung auch dort verwirklicht gesehen, wo Menschen sich von ihren alten Wegen abkehrten und in die neue Gemeinde Aufnahme fanden.

Beispiele

Paulus definiert die neue Schöpfung in Vers 17 vom Sein in Christus her. In 2 Kor 4,6 hatte er zuvor seine eigene Berufung verglichen mit dem Geschehen am ersten Schöpfungstag, der Scheidung von Licht und Finsternis. Schöpfungsterminologie wendet er auch in 1 Kor 1,28 an: Wie Gott das Nichtseiende ins Sein ruft, so hat er auch in Korinth wie aus dem Nichts eine blühende Gemeinde geschaffen.

Das alles hilft uns, einem Einwand zuvorzukommen. Die Behauptung, daß sich neue Schöpfung bereits hier und jetzt ereignet, klingt ja sehr vollmundig, und man fragt sich unwillkürlich, ob Paulus sie inhaltlich überhaupt belegen kann. Eben das tut er an den anderen Stellen. Neue Schöpfung ereignet sich überall dort, wo Menschen sich der Botschaft des Evangeliums öffnen, wo sie sich taufen lassen, wo eine neue Gemeinde entsteht. Nicht zuletzt dient auch Paulus selbst mit seinem Weg vom Christenverfolger zum Heidenmissionar als Beispiel für eine neue Schöpfung.

Die Erkenntnistheorie

Damit aber ist die Brücke geschlagen zu der Erkenntnistheorie von V. 16. »Dem Fleische nach« qualifiziert das falsche Erkennen, das Paulus hinter sich gelassen hat, als ein Erkennen, das durch die Sünde verzerrt war und den irreführenden Maßstäben dieser Welt folgte. Viel herumgerätselt hat die Forschung an der Frage, was das Erkennen dem Fleische nach denn mit Christus zu tun haben könne. Spielt Paulus lediglich einen irrealen Fall durch? Oder hat er als junger Mann in Jerusalem im Umfeld der Passionsereignisse den irdischen Jesus wenigstens aus der Ferne gesehen? Wohl eher nicht. Paulus denkt vielmehr an sein eigenes christologisches Fehlurteil, das ihn dazu verleitete, die junge Christengemeinde bis aufs Blut zu bekämpfen. Er hatte von dem messianischen Anspruch gehört, den eine neue Gruppe für Jesus von Nazaret erhob, der einen schmählichen Tod am Kreuz gestorben war. Das erschien ihm als Blasphemie, deshalb seine erbitterte Reaktion. Überwunden wurde diese falsche Wahrnehmung Jesu Christi für ihn erst durch seine Begegnung mit dem Auferstandenen. Den vollkommenen Umschwung in seinem Leben, der dadurch eintrat, konnte er mit einigem Recht als einen göttlichen Schöpfungsakt ansehen.

Eine neue Sicht des Menschen

Damit sind wir nun beim Anfang von Vers 16 angelangt. Die neue, richtige Christuserkenntnis hat weitreichende Folgen. Sie führt zu einer neuen Sicht des Menschen überhaupt. Auf niemanden mehr wird Paulus in Zukunft ein Erkennen dem Fleische nach anwenden. Was er damit sagen will, ist dies: Wir gelangen oft nicht zu einer unvoreingenommenen, erst recht nicht zu einer liebenden Wahrnehmung des Nächsten, weil sich unsere eigenen egoistischen Ziele oder unsere Vorurteile störend zwischen uns und den anderen schieben. Um das zu ändern, bedarf es einer Umstrukturierung unserer gesamten Erkenntnisfähigkeit. Sie tritt ein, wenn wir durch den Glauben an Jesus Christus zu neuen Menschen werden. Dann erkennen wir auch im anderen den Bruder und die Schwester, für die Christus starb (vgl. 1 Kor 8,11). Das neue Erkennen wird möglich, wenn wir im Einklang mit Vers 14–15 nicht mehr nur für uns selbst leben, sondern für den Herrn, der für uns starb.

19

Ein versöhnliches Wort

(18) Das alles aber aus Gott, der uns mit sich versöhnt hat und uns den Dienst der Versöhnung übertragen hat. (19) Denn Gott hat in Christus die Welt mit sich selbst versöhnt, indem er ihnen ihre Verfehlungen nicht anrechnete, und er hat uns das Wort der Versöhnung aufgetragen. (20) Für Christus nun sind wir Gesandte, wie wenn Gott durch uns gut zuredet. Wir bitten an Christi Statt: Laßt euch versöhnen mit Gott. (21) Den, der keine Sünde kannte, hat er für uns zur Sünde gemacht, damit wir würden Gerechtigkeit Gottes in ihm.

2 Kor 5,18–21

Im Originalton

Nicht selten gewinnen Paulustexte an Plastizität, wenn wir die leitenden Begriffe im griechischen Original vergleichen. Das Wort, das wir mit »versöhnen« wiedergeben, hat im Griechischen die Grundbedeutung »vertauschen«, »verändern«, »anders machen«, davon abgeleitet: einen unseligen Zustand zum Besseren hin ändern, Feindschaft gegen Freundschaft austauschen, Krieg durch Frieden ersetzen (in 1 Kor 7,11 steht es für die Überwindung ehelichen Unfriedens). Die Botschaftertätigkeit aus Vers 20 ruft im Griechischen die Erinnerung an kaiserliche Gesandtschaften wach, die im Auftrag der höchsten Autorität unterwegs sind, Verhandlungen führen und Bündnisse schließen.

Rechtfertigung

Ein zentrales theologisches Thema des Apostels stellt die Rechtfertigung des Menschen durch Gott dar. Man wundert sich manchmal darüber, daß ausgerechnet der theologisch so dichte zweite Korintherbrief dieses Anliegen nicht direkt anzusprechen scheint. Aber es fehlt keineswegs völlig. »Gerechtigkeit Gottes« kommt in Vers 21 vor, auch wenn die Zuordnungen schwierig sind: »Damit wir würden Gerechtigkeit Gottes ...« Gemeint ist letztlich, daß wir miterleben, was Gerechtigkeit Gottes heißt, und als Gerechtfertigte vor ihm dastehen. Im übrigen wird hier das, was sonst Rechtfertigung genannt wird, vertreten durch die von Paulus selten verwendete Kategorie der Versöhnung. Dabei sind *drei Ebenen* im Text zu unterscheiden: das Versöhnungshandeln Gottes, die Art und Weise, wie Paulus davon ergriffen wird, und schließlich die Predigt von der Versöhnung.

Das versöhnende Handeln Gottes

Dem Versöhnungshandeln Gottes widmet Paulus Vers 19 und Vers 21. Gott hat selbst die Initiative ergriffen und von sich aus die Kluft überwunden, die sich zwischen den Menschen und ihm aufgetan hatte. Das konnte nicht einfach durch einen Federstrich geschehen, dazu war die Last der Vergangenheit zu drückend. Es erforderte den persönlichen Einsatz, den Jesus Christus erbracht hat. Er wurde für uns zur Sünde (nicht zum Sünder). Ihn hat, obwohl er daran schuldlos war, die Sündenfolge mit ihrer ganzen Wucht getroffen. Damit hat er die Negativbilanz der Menschheit getilgt, eine weitere Aufrechnung findet nicht mehr statt.

Versöhnung auch für Paulus

Daß Versöhnung möglich ist, hat Paulus am eigenen Leib erfahren. Seine Verfehlung bestand darin, sich der Christusbotschaft zu widersetzen und ihre Träger zu verfolgen. An ihm hat Gott aber augenfällig demonstriert, was es heißt, unheilvolle Zustände zum Besseren zu verändern und aus Feinden Freunde zu machen. Mehr noch, Gott hat ihn fortan zum bevorzugten Botschafter bestimmt, der die Kunde von der Versöhnung in alle Welt tragen soll.

Das Wort von der Versöhnung

Das Versöhnungsgeschehen im Kreuzestod Jesu Christi ist ein einmaliger Akt in der Vergangenheit. Soll es die Menschen, denen es zugedacht ist, erreichen, bedarf es der ständigen Vergegenwärtigung in der Verkündigung. Insofern gehört die Predigt zum Vollzug der Versöhnung hinzu. Darin steckt ein beträchtliches Stück an paulinischem Selbstbewußtsein: In seiner Verkündigung werden Gottes Wort und Christi Stimme laut (V. 20). Aber beachten wir auch: Nach Vers 20 ist die angemessene Sprachform für die Versöhnungspredigt nicht der Befehl, sondern die inständige Bitte. Das schwache, nicht das starke Wort steht in Einklang mit der Schwachheit des Gekreuzigten und mit dem schwächlichen Erscheinungsbild seines Boten Paulus.

Versöhnung konkret

Die Aufforderung »Laßt euch versöhnen mit Gott« in Vers 20 richtet sich in diesem Falle nicht an die unbekehrte Menschheit, sondern an die Korinther selbst. Man kann das als Appell interpretieren, doch endlich ernst zu machen mit dem, was längst schon grundgelegt wurde. Wahrscheinlich verschafft sich aber auch der konkrete

Anlaß des Schreibens wieder sein Recht. Um Versöhnung geht es noch in einem anderen Sinn: Auch die Gemeinde und der Apostel, die in einem heftigen Konflikt miteinander lagen, sollen sich endgültig miteinander versöhnen. Und in der Tat: Wie glaubwürdig kann ein Christentum sein, das der Welt die Versöhnung predigt, im Inneren aber heillos zerstritten ist?

20

Ausweiskontrolle

(3) Niemandem geben wir in irgendeiner Hinsicht Anstoß, damit unser Dienst nicht verhöhnt wird, (4) sondern in allem empfehlen wir uns selbst als Diener Gottes,

in viel Geduld, in Bedrängnissen, in Notlagen, in Ängsten,
(5) in Schlägen, in Gefängnissen, in Unruhen,
in Mühsalen, in Nachtwachen, in Fasten;

(6) durch Lauterkeit, durch Erkenntnis,
durch Langmut, durch Güte,
durch heiligen Geist,
durch ungeheuchelte Liebe,
(7) durch das Wort der Wahrheit,
durch die Kraft Gottes;

mit den Waffen der Gerechtigkeit zur Rechten und zur Linken,
(8) bei Ehre und Verachtung,
bei übler Nachrede und gutem Ruf;

als Betrüger und doch wahrhaftig,
(9) als Unbekannte und doch genau bekannt,
als Sterbende – doch siehe, wir leben;
als Gezüchtigte und doch nicht getötet,
(10) als Betrübte, immer aber fröhlich;
als Arme, die viele reich machen;
als Habenichtse, die doch alles besitzen.

2 Kor 6,3–10

Ein persönliches Dokument

Jeder von uns kommt von bisweilen in die Lage, sich ausweisen zu müssen. Vor Antritt einer neuen Stelle z. B. werden Dokumente verlangt, die die Befähigung zur Ausübung des Berufs belegen. Der leidige Streit um Empfehlungsschreiben und Selbstempfehlung im zweiten Korintherbrief (vgl. 3,1) hat es mit dieser Notwendigkeit der Selbstlegitimierung zu tun. Warum wir so weit ausholen? Weil Paulus sich jetzt in 2 Kor 6,4 allen Ernstes selbst empfiehlt als Diener Gottes. Er legt in den Versen 4–10 seinen Ausweis vor. Er gibt den Korinthern, wie in 2 Kor 5,12 versprochen, aber in größerer Ausführlichkeit als dort, Material an die Hand, das es ihnen erlaubt, den ewigen Kritikern gegenüber doch mit ihrem Apostel zu »prahlen«. Dazu führt Paulus den Beweis, daß bei ihm Person und Botschaft in völligem Einklang miteinander stehen. Dem dient die detailgetreue Leidensliste, in die Elemente eines Tugendkataloges eingearbeitet sind. Durch Rhythmik und Strophenbau erzielt Paulus eine fast schon dichterisch zu nennende sprachliche Höhenlage.

Erste Strophe: Erfahrungen

Die *erste* Strophe in Vers 4b-5 beginnt mit einer grundlegenden Tugend, der Geduld, die zum Ertragen aller Mühsal befähigt. In einem förmlichen Stakkato zählt

Paulus sodann negative Alltagserfahrungen allgemeiner Art (Bedrängnisse, Notlagen, Ängste), »politische« Gefährdungen (Schläge, Gefängnishaft, Tumulte) und Begleiterscheinungen seiner rastlosen Missionstätigkeit (Mühsale, Nachtwachen, Fasten) auf.

Zweite Strophe: Tugenden

Die *zweite* Strophe in Vers 6–7a benennt nicht nur wesentliche Tugenden, sondern führt sie auch auf ihren tragenden Grund zurück: auf den heiligen Geist und auf die Kraft Gottes. Das wahre Wort, die echte Liebe, Langmut und Güte, Erkenntnisfähigkeit und die in Korinth öfter angezweifelte persönliche Lauterkeit sind so etwas wie geistige Gnadengaben, die Gott dem Apostel schenkt.

Dritte Strophe: Die Auswertung

Die *dritte,* kurze Strophe in Vers 7b–8 leitet von den Tugenden zu den anschließenden Antithesen über. Der Gerechtigkeit, einer Kardinaltugend, werden Waffen in die Hand gedrückt, und zwar die Schutz- und Angriffswaffen des römischen Legionärs, der mit der Rechten das Schwert führt und mit der Linken den Schild hält. Zum Einsatz kommen diese Waffen im Kampf mit den widrigen Lebensumständen. Durch sie schlägt sich Paulus gleichsam mitten hindurch und läßt dabei Ehre und Verachtung, üble Nachrede und guten Ruf (V. 8) rechts und links von sich liegen.

Vierte Strophe: Wahrnehmung von außen und innen

Die eindrückliche Aufzählung steigert sich noch einmal zu ihrem Höhepunkt in der *vierten* und letzten Strophe (V. 8b–10) mit sieben Gegensatzpaaren. Das Vorderglied sagt jeweils aus, was manche wahrzunehmen meinen, wenn sie Paulus nur von außen betrachten, was sie ihm teils auch nur zu Unrecht unterstellen. Im Nachsatz gestattet Paulus uns einen Blick hinter die Kulissen; die verborgene Wirklichkeit des Herzens kommt zum Vorschein. Das Betrübtsein (vgl. 2 Kor 2,1 u. ö.) und das Unbekanntsein (im Sinne mangelnder Anerkennung seiner wahren Beweggründe, vgl. die zurückhaltende Formulierung in 2 Kor 1,13f) beziehen sich auf die Briefsituation. In den Satzpaaren Nr. 3 und 4 zeigt sich Paulus von Ps 118,17f inspiriert: »Ich werde nicht *sterben*, sondern *leben*, und verkündigen die Taten des Herrn. *Gezüchtigt* hat mich der Herr, aber nicht dem *Tode* übergeben.« Aber was sich in den Klage- und Dankpsalmen, zu denen Psalm 118 gehört, im zeitlichen Nacheinander von Gefährdung und Rettung entfaltet, fällt bei Paulus in paradoxer Gleichzeitigkeit zusammen. Die Überzeugung, daß Bedürfnislosigkeit wahren Reichtum bedeutet, teilt Paulus mit den kynischen Wanderpredigern, während es für die Bereicherung der vielen, die aus eigener Armut stammt, in 2 Kor 8,9 ein christologisches Modell gibt, dem Paulus sich hier angleicht: »Er wurde, obwohl er reich war, um unseretwillen arm, damit ihr durch seine Armut reich gemacht würdet.« Was Paulus alles besitzt und was er, andere bereichernd, austeilen kann, das hatte schon die Metapher vom Schatz in 2 Kor 4,7 zusammengefaßt: Glaubenskraft, Vertrauen, Hoffnung, Freimut, Beauftragung mit dem Dienst im neuen Bund, mit der Verkündigung des Evangeliums ...

Alte Welt und neue Schöpfung

Die gegensätzlichen Sichtweisen, die den ganzen Katalog durchziehen, finden ihren inneren Grund in der nicht aufhebbaren Spannung zwischen alter Welt und neuer Schöpfung. In ihrem positiven Teil lösen sie ein, was einleitend 2 Kor 6,2 im Rückgriff auf das geschehene Versöhnungshandeln Gottes aus 5,18–21 festhält: »Siehe, jetzt ist die willkommene Zeit [aus Jes 49,8]; siehe, jetzt ist der Tag der Rettung.«

21
Wes' das Herz voll ist ...

(11) Unser Mund hat sich euch gegenüber aufgetan, Korinther, unser Herz ist weit geworden. (12) Eng ist nicht der Raum, den ihr bei uns habt; beengt seid ihr vielmehr in eurem Innern. (13) Als entsprechenden Gegenlohn – wie zu meinen Kindern rede ich – macht auch ihr euer Herz weit ... (2) Gebt uns also Raum. Niemandem taten wir Unrecht, niemanden haben wir beschädigt, niemanden haben wir übervorteilt. (3) Nicht um euch zu verurteilen sage ich das, denn ich habe zuvor gesagt, daß ihr in unseren Herzen seid zum Mitsterben und Mitleben.
2 Kor 6,11–13; 7,2–3

Herzenssachen

»Aus der Überfülle des Herzens redet der Mund« lautet ein Jesuswort bei Matthäus (Mt 12,34). Besser kennen wir vermutlich die gängige Fassung als Sprichwort: Wes' das Herz voll ist, des' fließt der Mund über. Überhaupt spielt das Herz in unseren Redensarten eine beträchtliche Rolle. Wir haben etwas auf dem Herzen, schütten es jemandem aus, machen daraus keine Mördergrube, tauschen Herzlichkeiten aus und schätzen Engherzigkeit nicht sonderlich hoch ein. Die stoische Affektenlehre zur Zeit des Paulus ging überdies davon aus, daß sich die Seele, die in ihrer Konzeption das vertritt, was biblisch mit dem Herzen als Personmitte angesprochen ist, bei unangenehmen Erlebnissen zusammenzieht, bei angenehmen und freudigen Ereignissen aber weitet.

Ein Herzensgruß

Das alles hilft uns, besser zu verstehen, was Paulus gegen Ende eines längeren Gedankengangs den Korinthern, die er in 2 Kor 6,11 direkt anredet, noch schreibt. Er wird persönlich und spricht auf einmal herzlich zu ihnen (und befolgt damit zugleich den Ratschlag der antiken Rhetoriklehrer, im Schlußabschnitt endlich den Emotionen die Schleusen zu öffnen). Was er den Korinthern zuvor im Brief alles mitteilte, qualifiziert er in Vers 11 als einen Herzenserguß. Im gleichen Atemzug gibt er den Korinthern zu verstehen, daß für sie viel Platz in seinem Herzen vorhanden ist. Das muß sie doch langsam davon überzeugen, daß Paulus alles, was trennend zwischen ihnen stand, vergeben und vergessen hat.

Die fehlende Reaktion

Allerdings sind die Korinther, so Vers 12, noch nicht ganz so weit. Sie reagieren bisher eher engherzig, bei ihnen vermißt Paulus noch eine entsprechende Öffnung des Herzens. Für die Vorleistung, die er erbracht hat, fordert er deshalb in Vers 13 ein entsprechendes Verhalten der Korinther als Gegenlohn ein, damit sich aus dem Zusammenspiel seines Zuvorkommens und ihrer Antwort endlich Versöhnung in umfassendem Sinn ereignet. Wenn er in Vers 13 die Korinther als seine Kinder anredet, wird man ihm das nicht als Überheblichkeit oder Paternalismus auslegen. Er will damit vielmehr Wärme und affektive Nähe schaffen. Das Recht zu diesem Vergleich nimmt er sich, weil er die Korinther durch seine Gründungspredigt zum Glauben bekehrt hat und dadurch ihr geistiger Vater wurde (vgl. 1 Kor 4,14f).

Notwendige Korrekturen

In 2 Kor 7,2 wiederholt Paulus seine Bitte, doch Platz für ihn zu schaffen (auf das Zwischenstück 2 Kor 6,14 – 7,1, das sich mit seiner Warnung vor Anpassung an die heidnische Umwelt nur schwer in den Zusammenhang einfügt, gehen wir hier nicht näher ein). Dazu müssen die Korinther einige Vorwürfe gegen ihn zurücknehmen, die im Raum stehen, in der Sache aber haltlos sind. Es trifft nicht zu, so stellt Paulus in Vers 2 kurz, aber prägnant fest, daß er jemanden in der Gemeinde im Streit Unrecht zugefügt habe, daß jemand durch sein hartes Eingreifen persönlich oder geistlich zu Schaden gekommen sei und daß er sich in finanziellen Dingen unkorrekt verhalten habe. Mit letzterem spielt er auf die Kollektenangelegenheit und auf die Kontroverse um das apostolische Unterhaltsrecht an, was erst von den Kapiteln 8–9 und Kapitel 11 her schärfere Konturen erhält.

Im Leben und im Tode

Damit dieses Herumstochern in alten Wunden nicht doch wieder zu neuen Mißstimmungen führt, wiederholt Paulus in Vers 3, was er kurz zuvor den Korinthern bezüglich ihres festen Platzes in seinem Herzen bereits zugesagt hatte, und er sichert es zusätzlich mit einem Grundsatz aus der antiken Freundschaftslehre ab: Wir sind doch verbunden auf Leben und Tod, auf Gedeih und Verderb. Im zweiten Buch Samuel sagt Ithai, der Befehlshaber von Davids Leibwache, angesichts der Bedrohung durch den Aufstand Abschaloms zu David: »Wo mein Herr, der König, sein wird, es gehe zum Tod oder zum Leben, da wird auch dein Knecht sein« (2 Sam 15,21), und Euripides läßt Elektra zu ihrem Bruder Orestes sprechen: »Mit dir will ich aus freier Wahl sterben und leben« (Orest 307f). Daß in diesen Beispielen der Tod voransteht, nicht das Leben, hat mit der Situation zu tun, wo jeweils, auch bei Paulus, der eigene Tod eine realistische Möglichkeit darstellt. Paulus dürfte beim Mitleben in zweiter Position zusätzlich auch an das Auferstehungsleben denken, das eine neue, unvergängliche Gemeinschaft zwischen den korinthischen Christen und ihm ermöglichen wird (vgl. 2 Tim 2,11). Aber das soll den anthropologischen Erfahrungswert, mit dem Paulus hier argumentiert, nicht herabmindern. Welch schöneres Zeugnis kann es für die Unverbrüchlichkeit der Liebe geben als die Bereitschaft, nicht nur das Leben gemeinsam zu gestalten, sondern auch miteinander und füreinander in den Tod zu gehen?

Das Versöhnungsschreiben II

22

Heilsame Trauer

(8) Und wenn ich euch auch durch meinen Brief betrübt habe, bereue ich es nicht. Selbst wenn ich es bereute – ich weiß ja, daß jener Brief, wenn auch nur zeitweilig, euch wirklich betrübte –, (9) so freue ich mich jetzt, nicht darüber, daß ihr betrübt wurdet, sondern darüber, daß ihr betrübt wurdet zur Umkehr. Denn ihr wurdet betrübt nach Gottes Willen, damit ihr in nichts geschädigt würdet von uns. (10) Denn die gottgemäße Trauer bewirkt eine nicht zu bereuende Umkehr zur Rettung. Die Trauer der Welt jedoch bewirkt Tod. (11) Denn siehe, eben dieses gottgemäße Betrübtwerden, was für ein Bemühen hat es bei euch ausgelöst, dazu Verteidigung, Unwillen, Furcht, Sehnsucht, Eifer, Bestrafung. In allen Stücken habt ihr bewiesen, daß ihr unschuldig seid an dieser Sache.
2 Kor 7,8–11

Depression und Trauer

Die heutige Psychotherapie unterscheidet zwischen Trauer und Depression. Trauer über schmerzliche Verluste gehört zum Menschsein hinzu, Trauerarbeit zu leisten ist lebensnotwendig. Die Depression hingegen läßt den Menschen in unbewegliche, schwarze Hoffnungslosigkeit versinken, sie kann schlimmstenfalls zu einem tödlichen Ende führen. Ein Ziel der therapeutischen Arbeit besteht darin, neurotische Depression umzuwandeln in normale Trauer, die bewältigt werden kann.

Auch Paulus unterscheidet zwischen zwei Formen von Trauer. Die eine entspricht nach Vers 10 dem Willen Gottes; sie motiviert zur Umkehr und bewirkt Rettung. Die andere ist typisch für die Welt. Von ihr gelten Sätze aus der Weisheitsliteratur wie: »Die Trauer richtet viele zugrunde, kein Nutzen ist in ihr« (Sir 30,23); »Denn von der Traurigkeit geht der Tod aus, und Trauer des Herzens bricht die Kraft« (Sir 38,18). Für Paulus schließt die zweite Form auch die Gefahr des Heilsverlustes ein, weil sie Verbitterung, Verhärtung und Ablehnung der angebotenen Versöhnung zur Folge hat.

Ein Widerspruch?

Wohin sich in Korinth die Waage neigen würde, blieb eine Zeitlang unentschieden. Dafür, daß die Gemeinde von tiefer Trauer ergriffen wurde, hat Paulus selbst gesorgt durch den scharfen Brief, den er nach dem Eklat in Korinth »unter vielen Tränen« (2 Kor 2,4) an sie richtete. Paulus greift also auf 2 Kor 2,1–11 zurück, aber während er dort die Traurigkeit in den Vordergrund rückte, die ihn selbst ergriffen hatte und die in den Tränenbrief Eingang fand, beschäftigt er sich jetzt mehr mit der Traurigkeit der Korinther, die er dadurch auslöste. In 2 Kor 2,4 hatte er noch behauptet, er habe den Tränenbrief *nicht* geschrieben, »um euch zu betrüben«. In 2 Kor 7,8 räumt er hingegen ein, daß der Brief echte Betrübnis hervorrufen mußte, er dies aber, wie er fast trotzig hinzufügt, keineswegs bereut.

Einen Widerspruch stellt das bestenfalls an der Oberfläche dar, eher dokumentiert es die prekäre Gefühlslage, in der sich auch Paulus befand. Trauer zu verursachen ist für sich genommen kein erstrebenswertes Ziel, und vielleicht war Paulus sich manchmal gar nicht so sicher, ob er angemessen reagiert hatte. Aber nach dem mehr oder minder glücklichen Abschluß der ganzen Affäre sieht alles wieder freundlicher aus.

Der Stimmungsumschwung

Der Tränenbrief, den Titus überbrachte und mit persönlichen Stellungnahmen flankierte, erzielte also einen unerwartet positiven Effekt. Er trieb die Gemeinde nicht, was auch denkbar gewesen wäre, noch tiefer in den erbitterten Widerstand hinein, sondern leitete durch einen heilsamen Schock den Umschwung ein. Wie sich die Gemeinde jetzt förmlich überschlägt, um die zerbrochene Beziehung wieder zu reparieren, hält Paulus in Vers 11 in einer mehrgliedrigen Aufzählung fest: Man bemüht sich, legt Eifer an den Tag, zeigt sich erschrocken über das, was hätte passieren können, empfindet Unwillen über die Paulusgegner, verteidigt den Apostel gegen seine Kritiker, entschließt sich zur Bestrafung des Gemeindemitglieds, das Paulus beleidigt hatte (vgl. 2 Kor 2,5–11 und 2 Kor 7,12), und sehnt mit aller Kraft einen neuen Besuch des Apostels herbei. Erst seine persönliche Anwesenheit in Korinth, in Aussicht gestellt, aber noch nicht realisiert (vgl. 2 Kor 1,15–17), wird die Versöhnung besiegeln. Mit der abschließenden Unschuldserklärung, in der er die Korinther von jeder Schuld an den unangenehmen Vorfällen freispricht, geht Paulus fast einen Schritt zu weit. Jedenfalls kann dieses Urteil erst im nachhinein gefällt werden, nach dem glücklichen Ausgang, und es entspringt nicht nur der Sachlage, sondern ebensosehr der Freude über das Resultat und dem Wunsch, das Erreichte nicht wieder zu gefährden.

Die erlösende Nachricht

Wie hat Paulus überhaupt von den Wirkungen des Tränenbriefs erfahren? Dazu müssen wir unseren Briefausschnitt zum Schluß noch im Zusammenhang verorten. In 2,12f hatte Paulus zu einem Reisebericht angesetzt, den er in 2 Kor 7,5 wieder aufnimmt: Titus war nach Korinth unterwegs, Paulus hält es voll Ungeduld und Besorgnis in Ephesus nicht mehr aus, er zieht dem Titus über Troas bis nach Makedonien entgegen. Dort trifft ihn Titus an, der aus Korinth die erlösende, gute Nachricht mitbringt. Wir sehen, wie 2 Kor 7,4–16 durchgehend Themen aus Kapitel 1–2 wiederholt. Zusammen bilden diese Textstücke den Versöhnungsbrief, der sich rahmend um die große Apologie des apostolischen Amtes in 2 Kor 2,14–6,13 legt und mit 2 Kor 7,16 zu Ende geht.

23

Zum Ausklang

(13) ... Zusätzlich zu unserer Tröstung haben wir uns noch ganz besonders gefreut über die Freude des Titus, weil sein Geist von euch allen erquickt wurde. (14) Denn was ich ihm gegenüber an euch gerühmt habe, darin bin ich nicht zuschanden geworden, sondern wie wir zu euch alles in Wahrheit gesagt haben, so hat sich auch unser Rühmen vor Titus als Wahrheit erwiesen.

2 Kor 7,13–14

Geteiltes Leid, geteilte Freude

Geteiltes Leid ist halbes Leid, geteilte Freude ist doppelte Freude. Wie zuvor seine Bedrückung, so teilt Paulus auch seine Freude mit seinem bewährten Mitarbeiter und Gefährten Titus. Dieser hat auch selbst allen Grund zur

Freude. Er wird mit sehr gemischten Gefühlen nach Korinth abgereist sein. Welchen Empfang würde man ihm dort bereiten? Wird man ihn überhaupt anhören oder wird man ihn davon jagen? Die Erleichterung über den glücklichen Verlauf steht ihm ins Gesicht geschrieben, als er Paulus wiedertrifft, was dessen Freude nur noch steigert.

Zuviel versprochen?

Auch Paulus mußte sich ja fragen, ob er Titus nicht zuviel zugemutet hatte. Außerdem hat er Titus gegenüber die Korinther zwar nicht global (man beachte das einschränkende »Was« zu Beginn von Vers 14), aber doch in mancher Hinsicht gelobt. Sie waren eine sehr lebendige Gemeinde, in der sich vieles bewegte. Paulus dachte gern an die anderthalb Jahre zurück, die er beim Gründungsbesuch in ihrer Mitte verbrachte. Er hatte deshalb auch nach dem Zwischenfall die Hoffnung auf eine Aussöhnung nicht völlig aufgegeben, sonst hätte er überhaupt nicht schreiben dürfen, auch keinen Tränenbrief. Einen solchen Rest an Hoffnung hat er offenbar auch dem Titus noch vermittelt vor Antritt der heiklen Mission. Bei einem anderen Ausgang hätte seine persönliche Glaubwürdigkeit Titus gegenüber Schaden genommen, und ein solcher Glaubwürdigkeitsverlust auch in kleinen Dingen wiegt, wie wir seit 2 Kor 1,15–20 wissen, bei einem christlichen Verkündiger sehr schwer. Unversehens kann dadurch die ganze Botschaft ins Zwielicht geraten. Aber Paulus hat sich nicht getäuscht in dem, was er Titus sagte, und er ergreift die Gelegenheit, um den Korinthern zu verstehen zu geben, daß er ihnen gegenüber immer die Wahrheit gesagt hat, daß alle anderslautenden Behauptungen falsch sind und sie somit auch seiner Verkündigung trauen dürfen. Anders gesagt: Die Botschaft von der Versöhnung, die Gott in Jesus Christus den Menschen zugedacht hat, erweist ihre Tragfähigkeit auch dadurch, daß Versöhnung zwischen dem Apostel und der Gemeinde zustande kommt.

Rückblick und Ausblick

Es sind bewegte Abläufe, auf die wir zurückblicken. Dabei haben wir mit den ersten sieben Kapiteln des zweiten Korintherbriefs erst einen Ausschnitt kennengelernt. Auch in seinen bisherigen Stellungnahmen kam uns Paulus manchmal sehr schroff, um nicht zu sagen autoritär vor. Aber die wirklich harten Worte, die uns echtes Unbehagen bereiten, fallen erst im Kampfbrief in 2 Kor 10–13. Durch den Kampfbrief erschließt sich erst, zumindest im Umriß, worum es zwischen Paulus und seinen Gegnern in der Sache überhaupt geht, worin er sich von ihnen unterscheidet und weshalb er sich von ihnen so scharf abgrenzt. Wir können aber auch schon an dieser Stelle, am Ende des Versöhnungsbriefes, einiges festhalten.
Um die Wahrheit muß immer wieder gerungen werden, Mißstände sind zu benennen und zu kritisieren. Das geht nicht ohne Spannungen und Konflikte ab. Von großer Bedeutung ist dabei die persönliche Glaubwürdigkeit der Beteiligten, daß sie also den Standpunkt, den sie vertreten, im eigenen Leben überzeugend einlösen. Dieses Maß an Selbstidentität werden wir Paulus, der immer wieder darauf insistiert, daß er darüber verfügt, zubilligen. Wie das bei seinen Gegnern und bei den Korinthern aussah, wissen wir nicht mit letzter Sicherheit. Vermutlich gab es dort in dieser Hinsicht Probleme, aber wir werden mit unserem Urteil über sie zurückhaltender sein als Paulus, denn er ergreift Partei, und es ist fraglich, ob er den Intentionen der Gegenseite immer gerecht wird. Auch an manchen Sachargumenten, die von ihr vorgebracht wurden, dürfte mehr dran gewesen sein, als Paulus zugibt. Was uns wieder für Paulus einnimmt, ist die Tatsache, daß er keineswegs von oben herab entscheidet, aus der

sicheren Position dessen, der alle Vollmachten besitzt. Er führt vielmehr einen verzweifelten Kampf um das, was er als richtig erkannt hat. Er bringt sich dabei existentiell ein und setzt sich aufs Spiel. Paulus weiß sehr wohl, daß ein einflußreicher judenchristlicher Flügel der Urgemeinde ihm skeptisch bis ablehnend gegenübersteht. In immer wieder aufflammenden Streitigkeiten zog er des öfteren auch den kürzeren, so beim antiochenischen Zwischenfall aus Gal 2,11–14, wo er sich wahrscheinlich gegen Petrus nicht durchsetzen konnte und deshalb Antiochien, seine frühere Heimatgemeinde, von da an mied.

Ein Wort für uns

So gelesen, werden die Ereignisse damals in Korinth transparent für Richtungskämpfe in der Kirche überhaupt, bis in unsere Tage. Das hat auch seine Berechtigung, denn die Texte des zweiten Korintherbriefs, die uns davon berichten, werden im Gottesdienst zu Gehör gebracht als Wort Gottes an seine heutige Gemeinde, und sie wollen in der persönlichen Schriftlektüre und -betrachtung Impulse für die eigene Lebensführung geben. Einstehen für die eigene Überzeugung, aber ohne Fanatismus, immer bereit zur Versöhnung, das können wir u. a. von Paulus lernen. Dem Beispiel der Korinther können wir entnehmen, was es heißt, sich gottgemäßer Trauer auszusetzen, aus der Betrübnis über eigenes und fremdes Fehlverhalten zur Umkehr zu finden. Christliche Existenz ist und bleibt spannungsreich, das lehrt uns 2 Kor 1–7 mit den zahlreichen Gegensatzpaaren, die den Text durchziehen und oft in einer Person zusammentreffen: Bedrängnis und Trost, Freude und Leid, Tod und Leben, Aufgeriebenwerden und Erneuertwerden, Fremde und Heimat, alte Welt und neue Schöpfung. Aber geben wir Paulus das letzte Wort: »Ich freue mich, daß ich in allem auf euch vertrauen kann« (2 Kor 7,16).

Die Kollektenkapitel

24

Bettelbriefe

(1) Wir möchten euch, Brüder, auch berichten von dem Gnadenerweis Gottes, der den Gemeinden in Mazedonien geschenkt wurde. (2) Denn durch Bedrängnis auf eine harte Bewährungsprobe gestellt, ließen sie die Überfülle ihrer Freude und ihre abgrundtiefe Armut überströmen in den reichen Ertrag ihrer ungekünstelten Güte. (3) Haben sie doch nach Kräften gegeben, ja, wie ich bezeugen kann, selbst über ihre Kräfte hinaus, ganz freiwillig. (4) Unter inständigem Zureden erbaten sie es von uns geradezu als Gnadenerweis, mithelfen zu dürfen beim gemeinschaftlichen Werk der Hilfeleistung für die Heiligen. (5) Über unsere kühnsten Hoffnungen hinaus gaben sie sich förmlich selbst hin, zuerst dem Herrn und dann uns, nach Gottes Willen. (6) So konnten wir Titus ermutigen, er möge dieses Gnadenwerk so, wie er es zuvor begonnen hatte, nun auch bei euch zu Ende führen.

2 Kor 8,1–6

Ein bekanntes Phänomen

Manchmal packt mich, ich kann es nicht leugnen, ein gewisser Unmut, wenn ich meine Post aus dem Briefkasten hervorhole und darunter einen der häufigen Bettelbriefe finde. Mehr oder minder persönlich gehalten, oft bebildert und immer mit einer anhängenden Zahlkarte versehen, bitten sie um einen Geldbetrag für die unterschiedlichsten Zwecke: für ein Kinderhilfswerk, für Kriegsflüchtlinge, für die Arbeit in der Mission, für die Opfer einer heimtückischen Krankheit. Ich muß mich dann immer wieder selbst zur Ordnung rufen und mir vorsagen, daß es sich in der Regel um sehr berechtigte Anliegen handelt und daß eine – steuerlich absetzbare – Spende mir persönlich nicht weh tut.

Hilfreich wirkt sich bei dieser Selbstmotivierung auch das Wissen darum aus, daß Bettelbriefe zu den ältesten Phänomenen im Christentum zählen. Schon der Apostel Paulus konnte nicht umhin, solche Schreiben zu verfassen, und das Ergebnis seiner Bemühungen liegt vor allem in zwei Kapiteln des zweiten Korintherbriefs vor. Es handelt sich um die Kapitel 8 und 9, in denen Paulus geradezu inständig für die Fortsetzung der Kollekte, die für die Urgemeinde in Jerusalem bestimmt war, wirbt.

Die Situation

Beim Apostelkonzil in Jerusalem sind Paulus nach seinen eigenen Worten keinerlei Auflagen hinsichtlich seiner gesetzesfreien Evangeliumsverkündigung unter den Heiden gemacht worden. Die einzige Selbstverpflichtung, die er auf sich nahm, ging dahin, »der Armen zu gedenken, und das zu tun, habe ich mich eifrig bemüht« (so Gal 2,10). Die Gemeinde in Jerusalem, wo die Synode stattfand, war aus verschiedenen Gründen verarmt und bedurfte der materiellen Unterstützung. Paulus, der die Jerusalemer Christen verkürzt als »die Armen« oder (wie hier in Vers 4) als »die Heiligen« bezeichnet, nahm es in seine Hand, eine großangelegte Hilfsaktion zu organisieren, und es war ihm damit nach Ausweis der verschiedenen Stellen in seinen Briefen, an denen er darauf zurückkommt, sehr ernst.

Daß ein Konflikt wie der, der sich zwischen Paulus und den Korinthern soeben abgespielt hatte, die Bereitschaft zu einem gemeinsamen caritativen Unternehmen zumindest beeinträchtigt, um es vorsichtig zu formulieren, liegt auf der Hand. Nach gelungener Versöhnung, im Anhang zum Versöhnungsbrief (2 Kor 1–7), der sie besiegelt, kommt Paulus deshalb in Kapitel 8 ausführlich auf die Kollekte zurück (vgl. zuvor schon 1 Kor 16,1–5).

Die Strategie

Was kann er tun, um dem ins Stocken geratenen Vorhaben zu neuem Schwung zu verhelfen? Paulus wählt einen sehr geschickten Umweg. Er erzählt den Korinthern von Dingen, die sich in seinen Gemeindegründungen in Mazedonien, das heißt z.B. in Thessalonich, in Philippi und in Beröa (vgl. Apg 17,10; 20,4), wo er sich zur Zeit der Entstehung von Teilen des zweiten Korintherbriefs aufhielt, abspielten. Dabei spart er nicht mit kräftigen Farben: Die dortigen Gemeinden sind arm, bitter arm, und sehen sich manchen Schwierigkeiten ausgesetzt. Paulus wagt es kaum noch, so scheint es, sie zusätzlich mit seinen Geldsorgen zu belästigen. Aber die mazedonischen Christen beschämen ihn. In allen Prüfungen legen sie eine Freude an den Tag, die aus tiefer Glaubenskraft resultiert. Sie würden es als eine schwere Zurücksetzung betrachten, wenn sie sich nicht an der Kollekte beteiligen dürften. Ganz spontan geben sie mehr, als je zu hoffen war, mehr auch, als ihre beschränkten materiellen Möglichkeiten eigentlich zulassen.

Fast sieht das, was Paulus hier schildert, nach einem Wunder aus, und Paulus deutet dieses Verhalten denn auch in Vers 5 als eine Form der Selbsthingabe, der Selbstaufopferung, die nicht nur Christus, dem Herrn, dargeboten wird, sondern in zweiter Linie auch dem Apostel zugute kommt, weil sein Herzensanliegen dadurch eine willkommene Förderung erfährt.

Die Anwendung

Warum Paulus so dick aufträgt, liegt auf der Hand: Er möchte die Eifersucht der Korinther, die als Bewohner einer reichen Hafenstadt wahrscheinlich um einiges besser gestellt waren als die Mazedonier, wecken und sie dazu anstacheln, es den anderen zumindest gleich zu tun. Bezeichnenderweise gibt ihm in Vers 6 die überschwengliche Reaktion der *Mazedonier* Anlaß dazu, Titus zur Beendigung des Kollektenwerkes erneut nach *Korinth* zu senden.

Auf Korinth zielt aber auch schon die theologische Sicht der Kollekte ab, die Paulus in diesen Versen entwickelt, indem er den Grundbegriff der Gnade äußerst schillernd einsetzt: Die Mazedonier empfinden es schon als Gnade, überhaupt mitwirken zu dürfen; die Spenden stellen eine Gnadengabe für die Adressaten in Jerusalem dar; insgesamt materialisiert sich Gnade so auf sehr handfeste Weise; aber das wäre wiederum nicht verständlich, wenn nicht letztlich Gott selbst dazu seine Gnade schenken würde. Es bleibt abzuwarten, ob auch bei den Korinthern solche Gnade neu zum Ereignis wird.

25

Fragmente eines Kirchenliedes

(7) Wie ihr an allem Überfluß habt, an Glauben, an Redegabe, an Erkenntnis, an jeglichem Eifer und an der Liebe, die, von uns ausgehend, nun auch euch beseelt, so sollt ihr nun auch dieses Gnadenwerk mit überreichen Gaben bedenken. (8) Das sage ich nicht als Befehl, sondern ich will nur durch den Vergleich mit dem Eifer, den andere an den Tag legen, die Echtheit auch eurer Liebe prüfen. (9) Ihr kennt doch die Gnadentat unseres Herrn Jesus Christus: daß er, obwohl er reich war, um euretwillen arm wurde, damit ihr durch seine Armut reich würdet.

2 Kor 8,7–9

Ein Weihnachtslied

Er ist auf Erden kommen arm,
daß er unser sich erbarm
und in dem Himmel mache reich
und seinen lieben Engeln gleich.
Kyrieleis

– so lautet die sechste, von Martin Luther gedichtete Strophe des weihnachtlichen Kirchenliedes »Gelobet seist du, Jesu Christ, daß du Mensch geworden bist« (GL 130). Aller Wahrscheinlichkeit nach hat Martin Luther sich für diese Strophe an 2 Kor 8,9 orientiert, wo eine ganz ähnliche Gedankenbewegung vorliegt: Der Herr Jesus Christus hat uns durch sein Armwerden, das er freiwillig auf sich nahm, in ungeahnter Weise bereichert, wobei mit der Armut sein Menschsein angesprochen ist, das in letzter Konsequenz im Kreuzestod gipfelt, und der neugewonnene Reichtum unsere Erlösung und Begnadung, unsere Hinführung zum Glauben meint.

Der »Sitz im Leben«

Am Anfang von Vers 9 erinnert Paulus die Korinther daran, daß er ihnen mit diesen Worten eigentlich nur einen bekannten Sachverhalt in Erinnerung ruft, der zum Grundbestand ihres Glaubenswissens gehört. Vielleicht dürfen wir sogar noch einen Schritt weiter gehen und darin Fragmente eines urchristlichen »Kirchenliedes« entdecken. Im Philipperbrief zitiert Paulus nämlich selbst einen Hymnus, der zu seiner Zeit im urchristlichen Gottesdienst gesungen wurde. Die äußerst komprimierte Kernaussage unseres Verses aus 2 Kor 8,9 erscheint dort breiter ausgeführt und entfaltet: »Obwohl er (Jesus Christus) Gott gleich war, hielt er nicht daran fest, wie Gott zu sein, sondern er entäußerte sich und wurde wie ein

Sklave und den Menschen gleich ... Er erniedrigte sich und war gehorsam bis zum Tod, bis zum Tod am Kreuz« (Phil 2,6–8). Die Wiederverwendung dieser Motive in einem neuzeitlichen Kirchenlied wäre demnach in hohem Maße als sachgerecht anzusehen, insofern dadurch der ursprüngliche »Sitz im Leben« genau getroffen wird.

Zurück zur Kollekte

Die Selbstentäußerung des Gottessohnes in die Menschengestalt und in den Tod hinein (und seine anschließende Erhöhung, vgl. Phil 2,9–11) beschreiben die urchristlichen Hymnen als ein Drama von kosmischen Dimensionen. Darin ordnen sich die Stellen aus den Evangelien, die von einem armen und bedürfnislosen Leben des irdischen Jesus erzählen (z.B. Lk 9,58: »... der Menschensohn aber hat keinen Ort, wo er sein Haupt hinlegen kann«), als Momentaufnahmen ein. Paulus liegt nichts am biographischen Detail, er begnügt sich mit dem großen Rahmen. Bemerkenswert erscheint vor allem, wie er diese christologische Fundierung im Kontext einsetzt: Er will damit lediglich die Korinther zu größerer Spendenfreudigkeit anhalten.

Wir bewegen uns ja nach wie vor im ersten der beiden Kollektenkapitel. Zuvor hatte Paulus, wie erinnerlich, den Korinthern die mazedonischen Gemeinden als glänzendes Vorbild vor Augen gestellt, und darauf blickt er in Vers 8 noch einmal zurück: Wie sieht eure Liebe, wenn sie sich in der praktischen Tat bewähren soll, im Vergleich zu der ihrigen aus? Weil das trotz allem noch zu äußerlich bleibt, verankert er mit Vers 9 das tatsächliche Verhalten der Mazedonier und das erwünschte Verhalten der Korinther im Christusgeschehen als dem einzig tragfähigen Grund. Daran ist abzulesen, was Gnade und Liebe bedeuten.

Charismatische Gemeinde?

Über den Begriff der Gnade findet Paulus noch eine weitere Möglichkeit, auch in Vers 7 schon die Korinther bei ihrer Ehre zu packen. Die korinthischen Christen sind sehr stolz auf die Fülle von Gnadengaben, von Charismen, die sich in ihren Reihen immer wieder manifestieren. Paulus gesteht das auch gerne zu. In der Einleitung zum ersten Korintherbrief zeigt er sich dankbar für den Reichtum an Redegabe und Erkenntnisfähigkeit, zwei ausgeprägte Charismen, in der Gemeinde (1 Kor 1,5). Er rechnet zu diesen Gnadengaben auch eine außerordentliche, eventuell sogar wunderwirkende Glaubenskraft (1 Kor 12,9). Aber kritisch gegenüber allen Auswüchsen, die auf diesem Gebiet gleichfalls immer wieder drohen, mißt er alle Charismen unerbittlich an dem einen Maßstab der Liebe (1 Kor 13).

Als Verlängerung dieser Linie in die konkrete Situation hinein erklärt sich in unserem Abschnitt der einleitende Vers 7. Wenn schon ein solcher Überfluß an Gnadengaben unterschiedlicher Art vorliegt, dann müssen sie jetzt ihre Nützlichkeit und ihre Wirksamkeit neu beweisen. Die Kollekte als das große Gnadenwerk, das Antwort gibt auf Gottes Gnadenerweis und die Gnadentat Jesu Christi, bedeutet einen Ernstfall auch für die Charismen, die individuellen Gnadengaben. Hier muß sich zeigen, ob sich die Korinther zu Recht als charismatische Gemeinde verstehen.

26

Vom Lastenausgleich

(10) Einen guten Rat indes gebe ich euch in diesem Punkt, und das kann nur von Nutzen für euch sein. Ihr habt ja schon früher, genau gesagt im Vorjahr, mit der Aktion begonnen und das auch selbst so gewollt. (11) Jetzt aber sollt ihr das Unternehmen auch zu Ende führen, damit das Ergebnis auch wirklich dem vorherigen guten Willen entspricht, aber immer in Relation zu dem, was jemand besitzt. (12) Denn wenn die Bereitschaft vorhanden ist, so soll sie hochwillkommen sein, jedoch nach Maßgabe dessen, was jemand besitzt, und nicht dessen, was er nicht besitzt. (13) Es kann ja nicht darum gehen, daß andere Erleichterung erfahren, ihr aber in Bedrängnis geratet, es geht vielmehr um einen Ausgleich. (14) In der augenblicklichen Situation soll euer Überfluß ihrem Mangel Abhilfe verschaffen, damit auch ihr Überfluß eurem Mangel zugute kommt, so daß sich Gleichheit einstellt, (15) wie schon geschrieben steht: »Wer viel (gesammelt) hatte, besaß doch keinen Überfluß, und wer wenig (gesammelt) hatte, litt doch keinen Mangel.«

2 Kor 8,10–15

Wirtschaftswunder?

Lastenausgleich, so hieß in den Nachkriegsjahren ein weitreichendes sozialpolitisches Programm, das es ermöglichte, Flüchtlinge und Heimatvertriebene aus dem Osten relativ problemlos in die neu sich formierende westdeutsche Gesellschaft zu integrieren. Es war zugleich die Zeit des sogenannten Wirtschaftswunders. Man kann damit argumentieren, daß es damals, in einer Zeit des Aufschwungs, eben noch etwas an Zuwachs zu verteilen gab. Man kann aber auch fragen, ob nicht diese solidarische Einstellung wesentlich zur Aufbauleistung beitrug, und man kann schließlich sogar so weit gehen, zu überlegen, ob »Wirtschaftswunder« hier nicht auch einen etwas anderen Sinn gewinnt, denn angesichts der sonst üblichen, harten Gesetze des Wirtschaftslebens wirkt ein – zudem noch erfolgreicher – Lastenausgleich fast wie ein kleines Wunder.

Paulus hatte zuvor von Selbsthingabe gesprochen, von Selbstaufopferung, von der abgrundtiefen Armut der Mazedonier, die auch das Letzte noch hergaben, und vom freiwilligen Armwerden des Herrn Jesus, das unsere Erlösung bewirkte. Diese schweren Geschütze richtet er aber, wie sich jetzt zeigt, nur auf die Motivationsebene bei den Korinthern. Im praktischen Verhalten gibt er sich schon mit erheblich bescheideneren Resultaten zufrieden, die aber den Vorteil haben, sich mit Augenmaß und nüchternem Realitätssinn auch wirklich erzielen zu lassen. Ausgleich heißt jetzt das Zauberwort, und ihn herzustellen wäre offensichtlich auch schon Wunder genug.

Ein gut begründeter Ratschlag

Aber gehen wir der Reihe nach vor. Paulus will in diesem heiklen Punkt keine Befehle erteilen (vgl. V. 8), will andererseits aber mit einem guten Rat auch nicht hinter dem Berg halten (V. 10), mit einem Ratschlag zudem, der sich auf Lebenserfahrung und sprichwörtliche Weisheit berufen kann. Paulus spielt in den Versen 10 und 11 (vor allem im griechischen Text) mit der Dialektik von Wollen und Tun, von Beginn und Abschluß eines Vorhabens. Entschlußfreudigkeit ist das eine, die konsequente Umsetzung in die Tat das andere. Was man begonnen hat, soll man auch zu Ende führen, das scheint nur vernünftig. Was sich hinter diesen allgemeinen Grundsätzen verbirgt, ist die weniger erfreuliche Tatsache, daß die Kollektenaktion in Korinth im Vorjahr zwar einen sehr verheißungsvollen Start nahm, inzwischen aber zu versanden droht und neuer Impulse bedarf.

Die Ausgleichstheorie

Anknüpfend an die Schlußbemerkung von Vers 11, entwickelt Paulus sodann in Vers 12 und 13 mehr prinzipiell seine Ausgleichstheorie. Er will gar nicht, daß die Korinther über all dem selbst in bittere Not geraten. Es soll auch nicht so aussehen, als würde sich die andere Gemeinde auf ihre Kosten bereichern. Die drückende Last der Verarmung soll nicht einfach zwischen den Partnern hin- und hergeschoben werden. Den Idealzustand könnte man sich im Sinn des Apostels am ehesten nach dem Modell von kommunizierenden Röhren vorstellen. Ein Röhrchen mag gefüllt sein bis zum Rande, ein anderes nahezu leer, sobald sie durch geöffnete Ventile untereinander verbunden sind, erreicht der Wasserstand in allen die gleiche Höhe.

Der Ausgleich in der Praxis

Für die Anwendung in Vers 14 müssen wir allerdings noch einen weiteren Gesichtspunkt mit hinzunehmen. Ein gegenseitiges Geben und Nehmen soll den Ausgleich bewerkstelligen. Aber was haben die Jerusalemer eigentlich zu geben und die Korinther zu nehmen? Fließt das Geld faktisch nicht nur in eine Richtung, nämlich von Korinth nach Jerusalem? Es reicht zur Erklärung wohl nicht aus, wenn man sich nur mit einer zeitlichen Erstreckung behilft: Später einmal könnte es sich möglicherweise auch umgekehrt verhalten und die Gemeinde in Korinth auf materielle Hilfe aus Jerusalem angewiesen sein. Vielmehr gilt es hier, das Materielle und das Geistliche zusammenzudenken, wie es die parallele Stelle im Römerbrief tut (Röm 15,27: »Denn wenn die Heiden an ihren geistlichen Gütern Anteil erhalten haben, so sind sie auch verpflichtet, ihnen mit irdischen Gütern zu dienen«). Auch die Jerusalemer haben einen Mehrwert vorzuweisen. Von ihnen ist die Evangeliumsbotschaft ausgegangen. Ihre gegenwärtige Überfülle besteht in ihrer Freude, in ihrem Dank, in ihren Gebeten, was im Austausch für die materielle Spende den Korinthern zugute kommt. Die Herstellung von Gleichheit in den Lebensverhältnissen darf mit anderen Worten das geistliche Leben nicht einfach außer acht lassen. Wenn man das hinreichend berücksichtigt, sollte man in der Tat nicht von einem Einbahnverkehr ausgehen, sondern eher von einem Kreisverkehr, wie sich noch deutlicher herausstellen wird.

Ein Vorbild aus der Geschichte Israels

Der Aufruf zur Gebefreudigkeit schließt in Vers 15 mit einem Schriftzitat, das aus dem Buch Exodus genommen ist und dort von der wunderbaren Mannaspeisung handelt (vgl. Ex 16,18). Habgieriges Zusammenraffen brachte beim Manna, dem Brot vom Himmel, nichts ein; der Vorrat wuchs nicht oder hielt sich nicht. Genügsames Sammeln wurde nicht bestraft; zur Sättigung reichte es immer. Daraus sollte Israel lernen, daß Gott immer das für den augenblicklichen Bedarf Erforderliche gibt, nicht mehr und nicht weniger.

Das überträgt Paulus auf die Kollekte. Auch hier kommt es auf das rechte Maß der Zuteilung an. Ein Grundzug des Mannawunders, das Zuteilen je nach Bedarf, wiederholt sich so in der Gegenwart unter den christlichen Gemeinden. Das macht die Gegenwart zur Heilszeit im Vollzug. Das große Gotteswunder aus den Tagen der Väter ereignet sich jetzt immer wieder neu als Wunder christlicher Mitsorge und Fürsorge unter Brüdern und Schwestern.

27

Vom Umgang
mit öffentlichen Geldern

(16) Dank sei Gott, der dem Titus denselben Eifer für euch ins Herz gesenkt hat, (17) denn meine Aufmunterung nahm er an, mehr noch, voll Übereifer zog er aus freien Stücken gleich zu euch los.
(18) Mit ihm mitgesandt haben wir den Bruder, dessen Lob wegen seines Einsatzes in der Evangeliumsverkündigung durch alle Gemeinden geht. (19) Und nicht allein dies, er wurde außerdem auch durch Handzeichen von den Gemeinden gewählt als unser Reisebegleiter bei diesem Gnadenwerk, das von uns durchgeführt wird zur Ehre des Herrn und als Zeichen unseres guten Willens. (20) Damit möchten wir vermeiden, daß jemand Verdächtigungen gegen uns erhebt angesichts dieser materiellen Fülle, die wir zu verwalten haben. (21) Denn wir sind darauf bedacht, daß alles ordnungsgemäß zugeht, nicht nur vor dem Herrn, sondern auch vor den Menschen.
(22) Mit ihnen mitgesandt haben wir unseren Bruder, den wir schon bei vielen früheren Gelegenheiten als besonders eifrig bewährt fanden. Jetzt aber zeigt er sich noch viel eifriger, weil er großes Zutrauen in euch setzt.
(23) Sei es nun bezüglich des Titus: Er ist mein Partner und mein Mitarbeiter, gerade in euren Angelegenheiten. Seien es unsere Brüder: Sie sind Abgesandte von Gemeinden und ein Abglanz Christi. (24) Den Erweis eurer Liebesbereitschaft nun und den Beweis dafür, daß wir euch zu Recht gerühmt haben, müßt ihr ihnen gegenüber erbringen, im Angesicht der anderen Gemeinden.

2 Kor 8,16–24

Eine beherzigenswerte Warnung

In seiner Abhandlung »Vom rechten Handeln«, einer Art Pflichtenlehre, schreibt der römische Philosoph und Staatsmann Cicero die Sätze nieder: »Die Hauptsache aber bei jeder Besorgung eines öffentlichen Auftrags und Amtes ist es, daß auch der leiseste Verdacht der Habsucht ausgeschlossen bleibt ... Kein Laster nämlich ist scheußlicher als die Habsucht, vorzüglich bei führenden Männern und Lenkern des Staates. Denn das Gemeinwesen zur Erwerbsquelle zu machen, ist nicht nur schändlich, sondern sogar verbrecherisch und ruchlos« (De officiis 2,75–77). Wir können diese Warnung vermutlich sehr gut nachempfinden, hat sich doch bei uns inzwischen eine hohe Sensibilität für das Finanzgebaren von politischen Mandatsträgern entwickelt, und die Toleranzschwelle für das, was man noch hinzunehmen gewillt ist, liegt außerordentlich tief.

Konkretes Beispiel: die Tempelsteuer

Nur wenig später als Cicero berichtet der jüdische Religionsphilosoph Philo von Alexandrien davon, wie die Tempelsteuer aus den Diasporagemeinden nach Jerusalem gebracht wurde: »Fast in jeder Stadt befindet sich eine Kasse für die heiligen Gelder ... Zu bestimmten Zeiten werden Boten erwählt, und zwar möglichst treffliche Männer, die angesehensten aus jeder Stadt, um die hoffnungsvollen Gaben aller unversehrt zu überbringen« (Über die Einzelgesetze 1,78). Dabei schwingt unausgesprochen der Gedanke der gegenseitigen Kontrolle mit. Daß sie notwendig war, zeigt ein Schurkenstück, das der jüdische Historiker Flavius Josephus aufbewahrt hat: »Ein Mann von jüdischer Abstammung hielt sich in Rom auf, gab sich für einen Erklärer des mosaischen Gesetzes aus und verband sich mit drei anderen Menschen, die in allem seinesgleichen waren. Die vier beredeten dann eine edle Frau namens Fulvia ..., Purpur und Gold nach Jerusalem in den Tempel zu schicken. Beides übernahmen sie zur Überbringung, behielten es dann aber für sich und verpraßten es« (Jüdische Altertümer 18,81f).

Die Sorge des Paulus

Alle drei Texte führen uns ins zeitliche und geographische Umfeld der Wirksamkeit des Paulus. Wir können nun die Sorgen besser verstehen, die ihn umtreiben. Warum setzt er überhaupt eine dreiköpfige Delegation unter Leitung des Titus zusammen? Den Hauptgrund dafür verrät er uns in Vers 20 und 21: Er muß ernstlich damit rechnen, daß man ihn verdächtigt, er wolle sich nur selbst bereichern, er würde in die eigene Tasche wirtschaften und von den Kollektengeldern manches für eigene Bedürfnisse abzweigen. Er weiß zwar, daß dies nicht stimmt, und kann vor seinem Herrn jederzeit dafür einstehen. Aber auch vor den Augen der Menschen soll alles ordnungsgemäß und nachprüfbar verlaufen. Jener geradezu tödliche Verdacht soll auch nicht die Spur eines Anhaltspunktes finden. Hier hilft nur eine äußere Kontrolle, und dafür vor allem ist der erste der beiden anonymen Brüder in Vers 18–19 zuständig.

Das Wahlverfahren

Bei dem Bruder handelt es sich hier und in Vers 22 jeweils um einen Mitchristen, nicht um einen leiblichen Bruder des Apostels (was für Vers 22 auch schon vermutet wurde, aber zu Unrecht). Der erste Bruder von Vers 18 war bereits als bewährter Wanderprediger und Missionar weithin bekannt. Paulus stimmt seiner Entsendung zu, aber er trug für seine Ernennung nicht die primäre Verantwortung. Wieder erhalten wir – wie schon aus Anlaß von 2 Kor 2,5–11 – einen Einblick in demokratische Meinungsbildungsprozesse. Mehrheiten kommen durch Handaufheben in der Versammlung zustande. Auf diese Weise wurde der besagte Bruder von einer der mazedonischen Gemeinden vorgeschlagen, und die anderen signalisierten ihr Einverständnis. Als Gemeindedelegat, genauer noch als »Apostel« der Gemeinden (so Vers 23 im Griechischen), hat er deren volles Vertrauen und kann so für eine verantwortungsbewußte Durchführung der Kollektenaktion bürgen.

Weit weniger stark gewichtet erscheint die Person des zweiten Bruders in Vers 22. Ihn steuert Paulus aus seinem erprobten Mitarbeiterstab zu dem neuen Dreierteam bei, das sich zur Zeit der Niederschrift des Briefes bereits auf den Weg nach Korinth gemacht hat.

Die rätselhafte Anonymität

Daß die beiden Brüder anders als Titus nicht mit Namen genannt werden, bleibt einigermaßen rätselhaft. Seit den Tagen der Alten Kirche hat man hier Abhilfe zu schaffen versucht. Origenes und Hieronymus haben den ersten Bruder wegen seines herausragenden Einsatzes für das Evangelium mit dem Evangelisten Lukas identifiziert, Johannes Chrysostomus schlug statt dessen Barnabas, den zeitweiligen Seniorpartner des Paulus, vor. Für den zweiten, weniger prominenten Bruder findet sich im Ambrosiaster die Gleichsetzung mit dem Schreibsklaven Tertius (aus Röm 16,22), während andere nach Theodoret an Apollos dachten, der zeitweilig fast in Konkurrenz zu Paulus in Korinth wirkte (vgl. 1 Kor 16,12 und öfter). Diese Rateversuche lassen sich bis in die Gegenwart hinein weiterverfolgen. Am unverfänglichsten erscheint es noch, die tatsächliche Kollektendelegation heranzuziehen, die in der Apostelgeschichte mit Paulus nach Jerusalem reist (Apg 20,4), und daraus wiederum die Mazedonier Aristarch oder Sekundus aus Thessalonich und Sopater aus Beröa zu favorisieren.

Im Grunde müssen wir hier aber unser Nichtwissen eingestehen. Wir dürfen von dem Text nicht mehr verlangen, als er uns geben kann. Wertvoll bleibt er für uns dennoch wegen der lebendigen Eindrücke, die er uns von organisatorischen, fast verwaltungstechnischen Vorgängen in den paulinischen Gemeinden vermittelt.

28

Der neue Anlauf

(1) Was also die Dienstleistung für die Heiligen angeht, ist es für mich eigentlich überflüssig, euch darüber zu schreiben, (2) kenne ich doch eure Bereitwilligkeit, für die ich euch vor den Mazedoniern rühme, indem ich sage: Achaia ist seit dem Vorjahr gerüstet; und euer Eifer hat die Mehrzahl angespornt. (3) Die Brüder habe ich zu euch geschickt, damit wir für unsere rühmenden Worte über euch in diesem Punkt nicht Lügen gestraft werden, sondern ihr tatsächlich, wie ich behauptet habe, bestens gerüstet seid. (4) Es soll nicht passieren, daß mit mir Mazedonier eintreffen und euch unvorbereitet finden. Dann würden wir – um nicht zu sagen: ihr – in dieser Angelegenheit blamiert dastehen. (5) Deshalb erachtete ich es als notwendig, die Brüder zu ermuntern, zu euch vorauszureisen und die von euch schon früher in Aussicht gestellte Segensgabe im voraus in Ordnung zu bringen, damit diese dann bereitliegt, und zwar als echte Segensgabe, nicht als eine Demonstration des Geizes.

(6) Dies aber beachtet: Wer kärglich sät, wird auch kärglich ernten, wer in Segensfülle sät, wird auch in Segensfülle ernten. (7) Jeder gebe so, wie er es sich im Herzen vorgenommen hat, nicht in Verdrossenheit oder aus Zwang, denn einen fröhlichen Geber hat Gott lieb. (8) Gott aber hat die Macht, alle Gnade auf euch überströmen zu lassen, damit ihr in allem allezeit euer volles Auskommen habt und selbst überströmt zu jeglichem guten Werk, (9) wie geschrieben steht: »Er hat ausgestreut, er gab den Armen; seine Gerechtigkeit bleibt in Ewigkeit.«

2 Kor 9,1–9

Charakterbilder

Im Rahmen seiner Charakterstudien hat der Aristotelesschüler und -nachfolger Theophrast auch das Portrait eines Knausrigen entworfen. Kennzeichnend sind für ihn Verhaltensweisen wie: »Kommt man auf freiwillige Abgaben des Volkes zu sprechen, steht er auf und verläßt stillschweigend die Versammlung ... Ein Freund kassiert Beiträge ein und hat es ihm zuvor gesagt. Wenn er ihn kommen sieht, biegt er vom Wege ab und geht in einem Bogen nach Hause« (Charaktere 22,3.9).

Etwas Ähnliches könnte man sich im Einzelfall auch für Korinth vorstellen. »Bitte nicht schon wieder die Kollekte«, mag mancher bei sich gedacht haben und für seinen Teil dem Thema und den Sammlern nach Möglichkeit ausgewichen sein. Nicht umsonst warnt Paulus in Vers 5 davor, die Kollekte nicht zu einer Demonstration des Geizes verkommen zu lassen.

Gegensätzliche Motivierungen?

Warum kommt Paulus überhaupt erneut so ausführlich auf die Kollekte zurück? Wenn wir Kapitel 8 und Kapitel 9 miteinander vergleichen, stellen wir gleichermaßen aufschlußreiche Gemeinsamkeiten und Unterschiede fest. Eine Gemeinsamkeit besteht z. B. in der Erwähnung der Brüder, die wir soeben (in 2 Kor 8,18–22) kennengelernt haben und nun (in 2 Kor 9,3–5) als Vorausteam in Aktion sehen. Einen vielsagenden Kontrast entdecken wir in der Art und Weise der Motivierung. In Kapitel 8 hatte Paulus den Korinthern den Übereifer der Mazedonier als leuchtendes Beispiel vorgehalten. Laut Kapitel 9 hat er die Mazedonier dadurch angespornt, daß er sie darauf hinwies, Achaia sei schon seit dem Vorjahr für die Endphase des Kollektenunternehmens gerüstet – ein nicht ganz ungefährliches Vorgehen: »Ähnliches wird etwa auch ein Lehrer tun, der in verschiedenen Klassen oder (etwas weniger unvorsichtig) an verschiedenen Schulen unterrichtet« (Hans Windisch).

Allerdings werden wir auch beachten, daß hier nicht allein Korinth, sondern die ganze dazugehörige Provinz Achaia angesprochen wird, wie ja auch der zweite Korintherbrief insgesamt diese doppelte Adressenangabe aufweist: »... an die Gemeinde Gottes, die sich in Korinth befindet, und an alle Heiligen in ganz Achaia« (2 Kor 1,1). Es scheint sehr gut möglich, daß mit dem zweiten Kollektenkapitel neben der Gemeinde in der Hauptstadt oder sogar an ihrer Stelle insbesondere auch die verstreuten Gruppen in der Provinz an ihre Verantwortung für die Kollekte erinnert werden sollten.

Das Vorausteam

Paulus befürchtet jedenfalls eine Blamage, wenn er mit der offiziellen Kollektendelegation (vgl. Apg 20,4) aus Mazedonien eintrifft, und nichts liegt bereit. Auch wenn eigentlich die Christen in Korinth und Achaia daran schuld sind, werden die anderen doch auch ihn wegen seiner vollmundigen Ankündigung dafür haftbar machen. Seine Desavouierung wäre perfekt. Das zu verhindern ist die Aufgabe des Vorausteams, das »vorausreist«

und die längst zuvor versprochenen Beiträge »im voraus« einsammelt (V. 5).

Ein Stück »Agrartheologie«

Eine leichte Verschiebung ergibt sich auch bei den Bezeichnungen für die Kollekte, die zwar weiterhin ein Dienst, eine Dienstleistung bleibt (V. 1). Aber an die Stelle der Gnade, der Gnadengabe oder des Gnadenwerks tritt mit Vers 5 zwischenzeitlich der Segen, die Segensgabe, die Segensfülle. Das ermöglicht Paulus im weiteren Verlauf ab Vers 6 bis Vers 10 einschließlich den Rückgriff auf alttestamentliche Stellen und auf allgemein bekannte Spruchweisheit, was er mit seinen eigenen Überlegungen zu einer förmlichen »Agrartheologie« zusammenwebt. Unter einer reichen Segensfülle verstanden die Menschen in einer Agrargesellschaft wie der antiken in erster Linie einen reichen Ernteertrag. Er ist sichtbares Zeichen dafür, daß göttlicher Segen auf der menschlichen Tätigkeit ruht (vgl. Gen 26,12). Ihn wählt man als Metapher für die göttliche Gnadenfülle überhaupt. Aber das macht Nützlichkeitserwägungen nicht überflüssig: Wieviel Saatgut muß man zurückbehalten für die Aussaat des nächsten Jahres? Wie sieht die ideale Relation von Saatmenge und Ertrag aus?

Eine Zitatenkette

Hier steigt Paulus ein mit der »Bauernregel« von Vers 6 (vgl. Spr 11,24): Nur verschwenderisches Geben verspricht als Resultat reichen Gewinn. Das führt Paulus in Vers 7 weiter mit dem Sprichwort vom fröhlichen Geber, dem allein Gottes Liebe gilt (vgl. dazu auch Dtn 15,10: Deinem armen Bruder »sollst du etwas geben, und wenn du ihm gibst, soll dein Herz nicht böse darüber sein; denn wegen dieser Tat wird dich der Herr, dein Gott, segnen in allem, was du arbeitest, und in allem, was deine Hände schaffen«). Das volle Auskommen von Vers 8 ruft im griechischen Wortlaut das stoische Ideal der Autarkie wach, der Selbstgenügsamkeit und der Selbstversorgung, die aber noch genügend Reserven hat für das gute Werk. Das alles mündet schließlich in ein Zitat aus Psalm 112 ein. Der Psalm handelt vom Frommen und Gerechten, »der gütig und zum Helfen bereit ist« (Ps 112,5), der »den Armen reichlich gibt«, weswegen sein »Heil Bestand hat für immer« (112,9), dessen man auch ewig gedenken wird (112,6).

Damit will der Apostel sagen: Wer sich an der Kollekte großzügig beteiligt, tut sich damit auch selbst einen Gefallen, denn reicher Segen wird zum Lohn auf sein eigenes Leben herabkommen.

29

Die Zukunftsvision

(10) Er aber, der Saatgut spendet dem Säenden und Brot zur Speise, wird auch euch Saatgut geben und es mehren und wird wachsen lassen die Früchte eurer Gerechtigkeit. (11) In jeder Beziehung werdet ihr reich sein und daher ungekünstelte Güte üben können, die durch unsere Vermittlung Danksagung gegenüber Gott hervorruft. (12) Denn diese hilfreiche, öffentliche Dienstleistung trägt nicht nur zur Behebung der materiellen Notlage der Heiligen bei, sondern wirkt auch überreich weiter durch deren viele Dankgebete zu Gott. (13) Weil sich dieses Hilfswerk derart bewährt, werden sie Gott dafür preisen, daß

ihr im Bekenntnis zum Evangelium Christi Gehorsam übt und in schlichter Selbstverständlichkeit ihnen und allen gegenüber einen Gemeinschaftserweis erbringt. (14) Und beim Bittgebet für euch geben sie ihrer Zuneigung zu euch Ausdruck angesichts der überschwenglichen Gnade Gottes, die auf euch ruht. (15) Dank aber sei Gott für sein unbeschreibliches Geschenk.

2 Kor 9,10–15

Diakonie und Liturgie

Diakonie und Liturgie, der caritative Einsatz für die Bedürftigen und die gemeinsame gottesdienstliche Feier, sind unbestritten zwei Grundvollzüge christlichen Lebens, denen nur ganz weniges von ähnlich zentraler Bedeutung an die Seite tritt (am ehesten noch die Martyria, das Zeugnis, und die Koinonia, die Gemeinschaft oder Kommunio).

Für das, was wir hier in Vers 12 mit »diese hilfreiche, öffentliche Dienstleistung« wiedergegeben haben, stehen im griechischen Text eben diese beiden Begriffe, in unübersetzbarer Weise ineinander verschränkt, Diakonie und Liturgie. Die Diakonie kennen wir schon. Damit meint Paulus in diesem Fall (seit 2 Kor 8,4) die praktische Hilfe, die Geldspende. Die Liturgie ist neu. Sie bezeichnet von Hause aus die öffentliche Dienstleistung, die begüterte Bürger für die Allgemeinheit zu leisten haben, indem sie z.B. einen Chor für die Theateraufführung finanzieren, einen Sportler für Olympia trainieren lassen oder ein Kriegsschiff auf ihre Kosten ausrüsten. Unter der Last solcher »liturgischer« Aufgaben wurde oft gestöhnt, aber sie waren rechtlich einklagbar. Die Bibel überträgt den Begriff auf den kultischen Dienst der Priester und Leviten im Tempel.

Paulus hat immer schon mit großen Worten von der Kollekte gesprochen und sie nie als rein profanen Vorgang mißverstanden wissen wollen. Er steigert das womöglich noch, wenn er sie hier gegen Ende hin so eng an fundamentale Verwirklichungsformen christlicher Existenz heranrückt. Sie ist gemeinsames, öffentliches, kultisches Werk, das die Verpflichtung zur tätigen Nächstenliebe einlöst. So erklärt sich auch Vers 13: Das Evangelium von Jesus Christus legt alle, die sich zu ihm bekennen, auf die Haltung gegenseitiger Liebe und Hilfeleistung bis hin zum Einsatz des Lebens nach dem Beispiel des Herrn fest. Durch ihr eifriges Mitwirken an der Kollekte zeigen die Angeredeten, daß sie dieser Verpflichtung nachkommen, und sie aktivieren zugleich ihren Part im Gemeinschaftsverhältnis, in der Koinonia oder Kommunio, die sie mit der Jerusalemer Gemeinde und über diesen Vorort des Christentums mit allen Gläubigen verbindet.

Eucharistie und Doxologie

Im Blick auf die Kollekte und die Beteiligung daran scheint eine Überbietung dieser Aussagen kaum noch möglich. Paulus treibt den Gedankengang dennoch in eine andere Richtung noch weiter voran. Er stellt sich vor, wie die Reaktion auf die Kollekte bei deren Empfang in Jerusalem aussehen wird, er versetzt sich schon in diese Situation: Die Empfänger werden Gott Dank sagen (V. 11) und viele Dankgebete zu Gott anstimmen (V. 12), wofür im Griechischen das Wort »Eucharistie« gebraucht wird. Ein großartiger Kreislauf der Gnade kommt in den Blick: Die überschwengliche Gnade *(Charis)* Gottes, die sichtlich auf den korinthischen und achäischen Christen ruht (V. 14), hat sie zum Gnadenwerk der Kollekte bewegt, die den Jerusalemern als Gabe überbracht wird; in der Form des Dankgebetes (der *Eucharistie*) kehrt nun diese Gnade wieder zu Gott, dem Geber von allem, zurück. Mit seinem eigenen Dank an Gott im doxologischen Schlußvers stimmt Paulus bereits in dieses künftige Lob- und Preisgebet mit ein und nimmt es vorweg, und er sagt im gleichen Atemzug, daß Worte nicht ausreichen, um von all dem zu erzählen, was Gott uns auf diesem Wege geschenkt hat.

Die Fürbitte

Aber beim Kreislauf der Gnade und des Dankens gibt es noch einen Seitenzweig, der eine weitere Vernetzung auf der horizontalen Ebene bewerkstelligt. Für die Urheber der Spende werden die Empfänger in Jerusalem ein Fürbittgebet sprechen, und das ist Ausdruck der innigen Verbundenheit und der Zuneigung, die sie für die heidenchristlichen Gemeinden Griechenlands empfinden. Hier endlich verrät uns Paulus seine tiefste Hoffnung, die er mit der Kollekte verbindet. Ihm geht es um nichts weniger als um Kirchengemeinschaft, um ein ökumenisches Ziel also. Wenn die Jerusalemer Mutterkirche die Kollekte aus den jüngeren heidenchristlichen Gemeinden annimmt und mit Dank- und Fürbittgebet beantwortet, besiegelt sie damit in seinen Augen die Echtheit von deren gesetzesfreiem Glaubensleben und akzeptiert sie als gleichberechtigte Partner in der einen Christenheit. Der Apostel selbst kann dann konfliktfrei weiterarbeiten; Gottes Segen wird sein Missionswerk noch sichtbarer und unstrittiger begleiten.

Zuviel erhofft?

Paulus greift mit diesen Versen weit voraus, zu weit. Zu dem demonstrativen Akt der Verbrüderung, den er sich erhoffte, ist es offensichtlich nicht gekommen. Das Schweigen der Apostelgeschichte über einen feierlichen Akt der Aushändigung der Kollektengelder in Jerusalem spricht in dieser Hinsicht Bände. Wie eine Ironie der Geschichte mutet die Tatsache an, daß es die letzte Kollektenreise nach Jerusalem war, die Paulus in jene römische Gefangenschaft führte, aus der er nicht mehr frei kommen sollte.

War also alles umsonst? Sicher nicht. Der Glaube lebt von solchen Visionen, wie Paulus sie hier entwirft, und läßt sie sich durch widerständige Erfahrungen nicht einfach zerstören. Etwas bleibt immer, und seien es nur jene bewegenden Zeilen, die Paulus uns darüber in Kapitel 8 und Kapitel 9 des zweiten Korintherbriefs hinterlassen hat. So vieles erkennen wir beim ernsthaften Studium wieder, so vieles hilft uns auf unseren eigenen Wegen, und das allein wäre schon Gewinn genug.

Der Tränenbrief

30

Kampfansage

(1) Ich selbst, Paulus, von dem behauptet wird, ich würde mich Auge in Auge mit euch unterwürfig verhalten, aus der Ferne jedoch euch gegenüber mutig auftrumpfen, ermahne euch nun mit der Sanftmut und der Milde Christi. (2) Ich bitte euch darum: Laßt es nicht dazu kommen, daß ich, wenn ich wieder unter euch weile, so auftrumpfen muß, wie ich es allerdings sehr zuversichtlich gewissen Leuten gegenüber zu wagen gedenke, die meinen, wir würden gleichsam auf rein irdische Weise wandeln. (3) In der Tat, wir leben in dieser Welt, aber wir kämpfen nicht auf irdisch-menschliche Weise. (4) Denn die Waffen unseres Feldzugs sind nicht irdisch, sondern sind mit der Macht Gottes ausgestattet, um Bollwerke in Trümmer zu legen. Gedankengebilde reißen wir nieder, (5) ebenso alles Hochragende, das sich gegen die Erkenntnis Gottes auftürmt, und wir nehmen jedes Denken gefangen, auf daß es Christus gehorcht. (6) So halten wir uns bereit, jeden Ungehorsam zu bestrafen, sobald euer Gehorsam vollkommen geworden ist.
2 Kor 10,1–6

Stimmungsumschwung?

Himmelhoch jauchzend, zu Tode betrübt – solche Stimmungsumschwünge und -abbrüche kommen vor, vor allem bei sehr emotional veranlagten Menschen, die für atmosphärische Strömungen besonders empfänglich sind. Gehört auch der Apostel Paulus in diese Kategorie? War auch er plötzlichen Stimmungsschwankungen unterworfen?
Diese Frage muß sich eigentlich stellen, wenn man den zweiten Korintherbrief aufmerksam liest, denn der Wech-

sel in der Tonlage zwischen den versöhnlichen Worten in Kapitel 7 und den überschwenglichen Erwartungen in Kapitel 9 einerseits und der aggressiven Vorwärtsverteidigung in Kapitel 10–13 andererseits bedarf einfach einer Erklärung. Wenn man den Apostel nicht völlig grundlos von einem Extrem ins andere fallen lassen will, bleiben wohl nur zwei Annahmen übrig: Entweder sind zwischenzeitlich neue, schlechte Nachrichten aus Korinth eingetroffen, die Paulus dazu zwingen, seine Hoffnungen auf eine endgültige Beilegung des Konflikts vorerst zu begraben und wieder zur Feder zu greifen, um eine wenig erfreuliche Fortsetzung zu schreiben. Oder aber – und das dürfte wahrscheinlicher sein – wir haben hier den Hauptteil eines anderen, früheren Schreibens vor uns, das unmittelbar die harte Konfliktsituation spiegelt. Das kann dann nur der Brief sein, den Paulus nach eigenen Worten »unter vielen Tränen« (2 Kor 2,4) abgefaßt hat, der sogenannte Tränenbrief. Wie auch immer wir uns entscheiden, in beiden Fällen bleibt uns die Aufgabe gestellt, die oft nicht leicht zu verstehenden Aussagen des Apostels auf ihren Sinn hin abzuhören.

Ein Schlagwort

Woran erkennen wir in unserem Textstück, den Versen 1–6 aus dem Kapitel 10, die dramatische Veränderung, die schrille Dissonanz in der Klangfarbe? Es geht zunächst einmal damit los, daß Paulus gleich in Vers 1 in ironischer Brechung einen Vorwurf aufnimmt, der in Korinth gegen ihn erhoben worden war und sich dort bereits zu einem Schlagwort verdichtet hatte. Noch klarer tritt das wenig später in Vers 10 zutage, wo Paulus direkt zitiert: »Seine Briefe, sagt man ja, sind gewichtig und kraftvoll, aber im persönlichen Auftreten wirkt er eher schwächlich, und seine Rede macht einen kläglichen Eindruck.« Nur aus sicherer Distanz also würde er sich aus der Deckung wagen und mit polemischen Briefen die Gemeinde förmlich terrorisieren (V. 9), im persönlichen Gegenüber aber wirke er harmlos, um nicht zu sagen ängstlich, und das sei nur verständlich angesichts seines nicht gerade faszinierenden Äußeren und seiner wenig mitreißenden Sprache.

Ein Porträt des Apostels

Wir wissen nicht sicher, wieviel von diesem unfreundlichen Urteil, das wir nur in mehrfacher Brechung im Referat des Paulus besitzen, der Realität entspricht. Wir können diese Lücke auch nicht aus den apokryphen Paulusakten auffüllen, die, vermutlich auf unseren Vers gestützt, ein in sich recht amüsantes Porträt des Apostels entwerfen: »Er sah aber Paulus kommen, einen Mann, klein von Gestalt, mit kahlem Kopf und krummen Beinen, in edler Haltung, mit zusammengewachsenen Augenbrauen und ein klein wenig hervortretender Nase, voller Freundlichkeit« (Act Pl 3), zumal manches davon auf stereotype Schilderungen zurückgeht, wie man sie auch dem Sokrates und anderen Philosophen hat angedeihen lassen (vgl. nur Lukian über den Stoiker Timokles: »Sobald er in einer großen Gesellschaft oder sogar öffentlich sprechen muß, wird er furchtsam, stottert und gerät in Verlegenheit« [Jup Trag 27]).

Wichtiger ist in unserem Rahmen, wie Paulus damit umgeht. Er gibt in Vers 1 und später wiederholt zu bedenken: Er könnte auch ganz anders. Die Gemeinde soll froh sein, daß er nur so zurückhaltend auftrat, daß sie einen derart christusförmigen Apostel hat, sind doch Demut, Sanftmut, Milde, Selbstentäußerung bis in den Tod wesentliche Bestandteile des Christusbildes, dem alle Glaubenden gleichgestaltet werden sollen.

Der siegreiche Feldzug

Das zweite Moment, das in dieser Eingangsperikope schon die neue Problemstellung erkennen läßt, besteht in der Erwähnung von Paulusgegnern in Korinth, deren Herkunft, Methoden und Ziele im weiteren Verlauf der folgenden Kapitel immer deutlicheres Profil gewinnen werden. Sie sind es in erster Linie, die so etwas, wie soeben berichtet, von Paulus behaupten. Sie bezeichnet Paulus in Vers 2 distanziert als »gewisse Leute«. Ihnen ganz konkret gilt seine allgemein gehaltene Kampfansage, die er in Vers 4–5 im Rückgriff auf alttestamentliche Vorbilder formuliert. »Der Weise ersteigt die Stadt der Mächtigen und stürzt das Bollwerk, auf das sie vertraut«, heißt es im Buch der Sprüche (Spr 21,22), und der Prophet Jesaja kündigt den Tag des Herrn an, »der über alles Stolze und Erhabene kommt, über alles Hohe – es wird erniedrigt« (Jes 2,12; vgl. auch 2,15: »über jeden hohen Turm und jeder steile Mauer«; 2,17: »Die stolzen Menschen müssen sich ducken, die hochmütigen Männer sich beugen«).

Es ist eine kriegerische Metaphorik, die Paulus hier einsetzt: Die befestigten Mauern einer Stadt werden geschleift, die hochgelegene Stadtburg, die Akropolis, wird gestürmt, die Besatzung in Kriegsgefangenschaft weggeführt. Streng genommen zielt das alles auf seinen missionarischen Feldzug, den er in der ganzen Mittelmeerwelt unternimmt. Alle Widerstände auf seiten seiner Adressaten will er überwinden, damit die Botschaft von Jesus Christus ihnen ins Herz dringt und sie völlig in Beschlag nimmt. Daß dies nun uminterpretiert wird zu einer Strafexpedition nach Korinth und einer Strafaktion gegen seine dortigen Gegner (besonders deutlich in Vers 6), hängt damit zusammen, daß sich hier für ihn unerwartete Hindernisse auftürmen, die seine weiterreichenden missionarischen Pläne gefährden. Erst muß die Lage in Korinth bereinigt sein, vorher kann er seine nächsten strategischen Ziele nicht ansteuern. Wie diese aussehen und wie die Dinge zusammenhängen, wird er uns im nächsten Abschnitt erklären.

31
Gebietsansprüche

(12) Wir wagen es allerdings nicht, uns selbst gleichzustellen oder zu vergleichen mit gewissen Leuten, die sich selbst empfehlen. Sie messen sich nur an sich selbst und vergleichen sich nur mit sich selbst und erweisen so ihren Unverstand. (13) Wir dagegen werden uns nicht über alles Maß hinaus rühmen, sondern werden als Richtschnur jenen Maßstab wählen, den Gott uns zu diesem Zweck zugeteilt hat und der darin besteht, daß wir bis zu euch gelangen sollten. (14) Keinesfalls plustern wir uns damit allzu viel auf, wie wir es tun würden, wenn wir nicht zu euch gelangt wären, sind wir doch sogar als erste mit dem Evangelium Christi zu euch gekommen. (15) Wir rühmen uns also nicht über alles Maß hinaus aufgrund von Mühen, die andere sich gemacht hätten. Vielmehr haben wir die Hoffnung, daß euer Glaube wächst und wir dann unter euch die gebührende Anerkennung finden, entsprechend dem uns gegebenen Maßstab. (16) Auch in Gebiete, die jenseits eures Wohnortes liegen, werden wir dann das Evangelium tragen, und wir werden uns nicht wegen Leistungen rühmen, die andere, ihrem eigenen Maßstab folgend, schon erbracht haben.
2 Kor 10,12–16

Die zeitliche Priorität

»Wer zu spät kommt, den bestraft das Leben«, ist inzwischen zu einem geflügelten Wort geworden. Schon länger bekannt war das Pendant, das Sprichwort nämlich: »Wer zuerst kommt, mahlt zuerst.« Die zeitliche Priorität spielte auch in der alten Welt eine große Rolle. Die Anfänge wurden in Ehren gehalten, Gründerfiguren mit besonderem Dank bedacht, konkurrierende Ansprüche mit dem Hinweis auf höheres Alter entschieden.

Paulus denkt hinsichtlich seiner eigenen Aufgabe in ganz ähnlichen Kategorien. Seine Sache sind die Anfänge, die Gemeindegründungen. Er sieht sich als Spezialist für Fundamentierungsarbeiten, was er den Korinthern im ersten Brief selbst so illustriert: »Wie ein weiser Architekt habe ich das Fundament gelegt« (1 Kor 3,10), das Fundament für euren Glauben, für die Entstehung eurer Gemeinde. Im Römerbrief fügt er dem noch hinzu: »Ich habe darauf geachtet, das Evangelium nicht dort zu verkünden, wo der Name Christi schon bekannt gemacht worden war, um nicht auf einem fremden Fundament zu bauen« (Röm 15,20). Er will sich mit anderen Worten nicht ins gemachte Nest setzen und sich nicht mit fremden Federn schmücken. Sein Apostelsein versteht er so, daß er auf seinem Gebiet alles von Grund auf erarbeiten muß.

Das Arbeitsgebiet

Von diesen leichter verständlichen Stellen aus können wir uns nun den sehr viel schwierigeren Versen aus dem zweiten Korintherbrief nähern. Der gleiche Sachverhalt erscheint hier nämlich in ein anderes Bild hineintransformiert, in das von Richtschnur und Maßstab (»Metron« und »Kanon« im Griechischen). Paulus hält sich an den Maßstab, den Gott ihm vorgegeben, an die Richtschnur, die Gott für ihn ausgespannt hat. Darin ist aber eingeschlossen, daß er, der Heidenmissionar, nach Korinth, in die vorwiegend heidnische Stadt, kommen sollte (V. 13), und zwar als erster, als Gründungsmissionar (V. 14). Er hat nicht den bequemen Weg eingeschlagen, hat sich nicht mit Nachmission und pastoraler Aufbauarbeit in Gemeinden, die von anderen unter großen Mühen ins Leben gerufen worden waren, begnügt (V. 15). Wenn er darauf pocht, kann man ihm das keinesfalls als Selbstüberschätzung oder Anmaßung auslegen (V. 14).

So gelesen, tritt die innere Verwandtschaft der Rede von Richtschnur und Maßstab mit dem anderen Anspruch, sich stets auf das Legen der Fundamente zu konzentrieren, deutlicher hervor. Das hat eine sachliche und eine geographische Komponente, ein wenig wie die Begriffe »Arbeitsgebiet« und »Arbeitsfeld« im Deutschen, wo die räumliche Vorstellung in der zweiten Worthälfte jeweils noch enthalten ist. Man kann vielleicht noch einen Schritt weitergehen und eine Erinnerung an das Jerusalemer Abkommen heraushören, das dem Galaterbrief zufolge eine Aufteilung nach »Arbeitsgebieten« vorsah: Paulus sollte sich mehr der Heidenchristen annehmen, Petrus und die anderen Urapostel der Judenchristen (vgl. Gal 2,9: »Wir zu den Heiden, sie zu den Beschnittenen«). In Korinth also, so das vorläufige Resultat, kommt Paulus auf seinem ureigenen Arbeitsfeld der für ihn maßgeschneiderten Aufgabe nach.

Die geplante Spanienreise

Noch einen weiteren Gedankengang in unserem Textstück können wir uns über den Römerbrief erschließen, den Paulus in Korinth nach Beilegung der dortigen Wirren niederschreibt. Einige Verse nach der oben zitierten Stelle skizziert Paulus im vorletzten Kapitel des Römerbriefs (vgl. Röm 15,22–29) seine Zukunftspläne: Er möchte von Korinth aus zunächst nach Jerusalem reisen, um endlich die Kollektengelder zu überbringen. Dann will er sich den lang gehegten Wunsch erfüllen und die Christengemeinden in Rom besuchen, aber das soll, da es in Rom für ihn nichts mehr zu gründen gibt, nur eine Zwischenstation bleiben. Er will in Rom sozusagen sein Basislager aufschlagen, um von da aus sein nächstes größeres Projekt in Angriff zu nehmen, und das ist die Spanienmission. Dort, in Spanien, erhofft er sich noch unberührten Boden für eine genuine missionarische Tätigkeit. In den hiesigen Gegenden, das heißt u.a. in Kleinasien und in Griechenland, gibt es für ihn nichts Rechtes mehr zu tun, wie er in Röm 15,23 feststellt, nicht ohne leichte Übertreibung, falls er nicht damit sogar sagen will, daß die Gegenbewegung gegen ihn inzwischen fast überall so stark war, daß er lieber ausweicht.

Dieses weite Ausgreifen bis an die Westgrenze des römischen Reiches hatte Paulus offensichtlich schon im Sinn, als er den Tränenbrief schrieb, denn Vers 16 wird erst auf diesem Hintergrund durchsichtig: Die »Gebiete, die jenseits eures Wohnortes liegen« sind aus der Perspektive des Schreibers sicher westlich von Korinth zu lokalisieren. In Frage kommen Italien mit der Hauptstadt Rom oder eben Spanien, wobei das im gleichen Vers angekündigte Vorhaben, dort das Evangelium ganz neu hinzutragen und nicht mit der Aufbauarbeit anderer zu kollidieren, eindeutig für Spanien spricht.

Verteilungskämpfe

Unklar bleibt noch, was das mit der aktuellen Situation in Korinth zu tun hat. Das führt uns zu den Gegnern zurück, die Paulus wegen ihrer Selbstbezogenheit und ihrer Vermessenheit in Vers 12 massiv angreift. Unschöne Verteilungskämpfe spielen sich ab. Genau das, was er für sich selbst zurückweist, macht Paulus ihnen zum Vorwurf: Sie haben sich nicht an die abgesprochene Verteilung der Einflußsphären gehalten, sondern sich mit ihrer zum jüdischen Gesetz zurücklenkenden Predigt auf sein Missionsgebiet gewagt. Sie haben, von außen kommend, eine blühende Gemeinde besetzt und schreiben sich deren christliches Leben als eigenes Verdienst zugute. Sie machen sich breit und drücken Paulus an den Rand, wollen ihn gar des Feldes verweisen. Paulus kann nichts Neues unternehmen, solange die Dinge so stehen. Aber er hat laut Vers 15 noch Hoffnung, daß er die Gemeinde und die Gegner wieder auseinanderbringen kann. Das würde ihm wieder Aufwind geben und ihn zu neuen Taten beflügeln.

32
Ein Eifersuchtsdrama

(1) Oh daß ihr doch ein klein wenig Dummheit von mir ertragen möchtet! Das werdet ihr mir sicher gestatten. (2) Wache ich doch über euch mit der Eifersucht Gottes, denn ich habe euch mit einem einzigen Mann verlobt und möchte Christus eine reine Jungfrau zuführen. (3) Ich fürchte aber: Wie die Schlange in ihrer Verschlagenheit einst Eva verführte, so könnten auch eure Gedanken abgelenkt werden von der aufrichtigen und lauteren Haltung Christus gegenüber. (4) Denn ihr nehmt es bereitwillig hin, daß jemand daherkommt und euch einen anderen Jesus verkündet als den, den wir euch verkündet haben, oder daß ihr jetzt einen anderen Geist akzeptiert

als den, den ihr zuvor empfangen habt, oder ein anderes Evangelium euch anhört als das, das ihr zuerst angenommen habt.
2 Kor 11,1–4

Von der Leidenschaft Gottes

Die Eifersucht ist eine mächtige Leidenschaft. Die Weltliteratur kennt große Beispiele von Eifersuchtsdramen, man denke nur an den *Othello* von William Shakespeare, den Guiseppe Verdi zum Stoff für eine ebenso berühmte Oper wählte. Aber Eifersuchtsfälle im kleinen hat oft genug auch die Tageszeitung zu bieten: Zerschnittene Autoreifen, gebrochene Nasen, Feuer in der Wohnung, Gift im Essen, Schüsse und Messerstiche – dies und anderes mehr sind Mittel, von deren Einsatz gegen verhaßte Rivalen und ungetreue Partner sie zu berichten weiß.

Zu den Überraschungen, die das Alte Testament immer wieder für uns bereithält, gehört auch die Tatsache, daß es keineswegs einen emotionslosen Gott schildert, sondern ihm sogar eine so problematische Reaktion wie Eifersucht zutraut: »Denn Jahwe trägt den Namen ›der Eifersüchtige‹; ein eifersüchtiger Gott ist er« (Ex 34,14) und immer auf seine einzigartige Stellung im Vergleich zu den Götzen bedacht, mit denen das Volk stets aufs neue »seine Eifersucht reizte« (Ps 78,58). Auch Paulus legt solche göttliche Eifersucht an den Tag, mit der er über die korinthische Gemeinde als Braut Christi wacht und gegen potentielle Verführer einschreitet. Es lohnt sich, einmal den verschiedenen Fäden nachzugehen, die Paulus in unserem Textstück in den Versen 2 und 3 fast unentwirrbar miteinander verwoben hat.

Die Faktenbasis

Den Ausgangspunkt bilden zunächst die rechtlichen und familiären Wertungssysteme, die wir als Vorgaben kennen müssen, auch wenn uns manches daran heute befremdlich oder patriarchalisch anmutet. Sehr anschaulich, mit scharfem Blick auf die Alltagswelt, schildert die Weisheitsliteratur die Lage eines Vaters mit einer heiratsfähigen Tochter im Haus: »Die Sorge um sie nimmt ihm den Schlaf, in ihrer Jugend, daß sie nicht verschmäht wird, nach der Heirat, daß sie nicht verstoßen wird, als Mädchen, daß sie nicht verführt wird, bei ihrem Gatten, daß sie nicht untreu wird, im Haus ihres Vaters, daß sie nicht schwanger wird, im Haus ihres Gatten, daß sie nicht kinderlos bleibt« (Sir 42,9f). Von einer Braut wurde erwartet, daß sie als Jungfrau in die Ehe ging (vgl. Dtn 22,13–21), ihre Verführung durch Trug (Ex 22,15f) und erst recht durch Gewalt (Dtn 22,25–27) wird vom Gesetz mit harten Sanktionen vor allem für den beteiligten Mann belegt.

Der Aufbau eines Bildfeldes

Manche dieser Erfahrungswerte werden in einem weiteren Schritt integriert in ein beliebtes prophetisches Bild, das den Bund zwischen Gott und seinem Volk als das Verhältnis von Brautleuten oder Eheleuten zueinander darstellt, manchmal auch die eigentliche Hochzeitsfeier in die Zukunft verlegt, wie eine späte Heilsverheißung aus dem Jesajabuch: »Wie der junge Mann sich mit der Jungfrau vermählt, so vermählt sich mit dir dein Erbauer. Wie der Bräutigam sich freut über die Braut, so freut sich dein Gott über dich« (Jes 62,5). Vor diesem Hintergrund gewinnt auch die Eifersucht Gottes ihr Profil, denn oft genug verhält es sich so, daß das Bildfeld primär dort zum Einsatz kommt, wo wie bei Hosea und Ezechiel Anklage erhoben wird wegen der Untreue der Braut, die zur Dirne geworden ist. Die Rabbinen haben später auf dieser Folie das Sinaigeschehen ausgelegt: Mose fungiert als zuverlässiger Brautführer, der das Volk als unversehrte

Braut zu Gott als Bräutigam geleitet; die Tora, das Gesetz, entspricht dem schriftlichen Ehevertrag.

Die Schlange im Paradies

Ein letztes Moment fehlt uns noch, das wir gleichfalls der nachbiblischen jüdischen Literatur entnehmen können. Die Schlange aus der Paradiesesgeschichte hat man zunehmend als Instrument oder als Verkörperung Satans angesehen, und sie habe, so eine weitere Spekulation, Eva nicht nur zum Essen der verbotenen Frucht verführt, sondern auch mit ihr Unzucht getrieben. Wir könnten alle diese Motive weiterverfolgen in andere neutestamentliche Schriften hinein. Das wollen wir nicht tun, uns wohl aber noch ihre Verbindung im vierten Makkabäerbuch, einer späten jüdischen Schrift, ansehen. Dort sagt die Mutter der sieben Söhne, die das Martyrium erleiden, von sich selbst: »Ich war eine reine Jungfrau und überschritt nicht die Schwelle des väterlichen Hauses, ich hütete vielmehr meinen (aus Adams Rippe) erbauten Leib. Mich mißbrauchte nicht der Verführer in der Wüste, der Schänder auf freiem Feld (vgl. Dtn 22,25), noch tat meiner jungfräulichen Reinheit Schimpf an der Verführer durch listigen Trug (vgl. Ex 22,16), die Schlange. Meine besten, blühenden Jahre verbrachte ich mit meinem Mann« (4 Makk 18,7–9), wozu man noch wissen muß, daß diese vorbildliche Braut, Ehefrau und Mutter möglicherweise auf einer bestimmten Textebene als Symbol für das Volk Israel dient.

Die Rivalität bei Paulus

Wir haben damit den Klangkörper ausfindig gemacht, der den beiden Versen bei Paulus Resonanz und Dynamik verleiht. Paulus sieht sich in der Rolle des Brautführers und fühlt sich also verantwortlich für die Unversehrtheit der korinthischen Gemeinde als Braut, die am Gerichtstag mit dem Bräutigam Christus vereint werden soll. Die Vollendung der Hochzeit, begleitet von dem auch aus der Jesustradition bekannten großen Festmahl, steht also noch bevor. Rivalen treten auf, nicht seine Rivalen, sondern Rivalen Christi, von denen sich die Gemeinde anscheinend leider betören läßt. Es droht sich ein Sündenfall wie im Paradies zu wiederholen. Unverkennbar nimmt Paulus damit seine Gegner aufs Korn, die er wenig später direkt als Satansdiener apostrophieren wird, die sich nur als Apostel Christi verkleiden, so wie sich der Satan, ihr Meister, in anderen Varianten der Paradieseserzählung nicht als Schlange, sondern als Lichtengel verkleidet hat (2 Kor 11,13–15).

In Vers 4 übersetzt Paulus das zum Teil. Er konstatiert eine grundlegende Differenz zwischen seiner eigenen Jesusverkündigung, zwischen zentralen Stücken dessen, was bisher als Glaubensgebäude gewachsen war, und dem, was die neu hinzugestoßenen Gegner mit sich bringen, und er kritisiert die Gemeinde dafür, daß sie sich davon faszinieren läßt. Auch wenn Paulus seine eigene Person im Bild zurücknimmt, darf man mit aller Behutsamkeit doch fragen, ob er die Gegner nicht in Wirklichkeit eher als seine eigenen Rivalen im Wettstreit um die Gunst einer kapriziösen Geliebten ansah, ob seine eigene Bindung an die Gemeinde nicht auch emotionale und libidinöse Züge trug und ob er nicht sogar in die undankbare Rolle des verschmähten Liebhabers abzugleiten droht. Das ändert nichts an seiner Größe und nimmt dem Konflikt nichts von seinem Ernst. Es zeigt aber, daß hier Menschen am Werk sind, die in Glaubensfragen ihre ganze Leidenschaft miteinbringen.

33

Was Superstars kosten

(5) Ich denke doch, daß ich euren Superaposteln in nichts nachstehe. (6) Mag ich auch kein Meister in der Redekunst sein, so gilt das doch nicht für meine Erkenntniskraft, und sie habe ich euch allezeit in allen Dingen zugänglich gemacht. (7) Habe ich vielleicht einen Fehler begangen, als ich mich selbst erniedrigte, damit ihr erhöht würdet, und euch unentgeltlich das Evangelium Gottes verkündete? (8) Andere Gemeinden habe ich förmlich ausgeplündert; von ihnen nahm ich Sold an, um euch dienen zu können. (9) Als ich bei euch war und in eine Notlage geriet, bin ich niemandem zur Last gefallen. Die Ebbe in meiner Kasse füllten die Brüder wieder auf, die von Mazedonien kamen. In jeder Hinsicht war ich für euch, finanziell gesehen, ein Leichtgewicht, und das will ich auch in Zukunft so halten.

2 Kor 11,5–9

Steigerungsformen

»Super« sagen heutzutage nicht nur Jugendliche, wenn sie etwas ganz toll finden. Das Attribut »super« soll überhaupt für überlegene Qualität bürgen. Markt wird gesteigert zu Supermarkt, aus Mann und Frau werden Supermann und Superfrau, und die Steigerung von Star lautet Superstar. Was super ist, darf ruhig etwas mehr kosten. Superpreise und -honorare werden klaglos bezahlt.
Paulus tituliert seine Gegner in Vers 5 ironisch als Superapostel, um damit ihr unbegründetes Überlegenheitsgefühl ihm gegenüber und ihre unverständliche Hochschätzung seitens der korinthischen Gemeinde zu karikieren. Tatsächlich kann er sich, auch wenn er selbst kein

Superapostel sein will, in allen Dingen, auf die es wirklich ankommt, leicht mit ihnen messen, er wird sich ihnen darin sogar überlegen zeigen. Eine Redegabe, die formal und äußerlich bleibt, zählt, wie wir schon wissen (vgl. 2 Kor 10,10), nicht zu diesen entscheidenden Punkten, wohl aber der theologische Tiefenblick, der Einsicht in Gehalte der Offenbarung vermittelt (das in etwa ist die Erkenntniskraft, die Paulus in Vers 6 für sich reklamiert).

Ein Preisvergleich

Im folgenden schiebt sich zeitweilig ein anderer Gedanke in den Vordergrund: Paulus wäre ganz billig zu haben, er arbeitet sogar umsonst, während die Gemeinde ihre Superapostel teuer bezahlen muß. Dennoch optiert sie gegen das billigere Angebot und greift lieber tiefer in die Tasche. Wie hängt das zusammen?

Das apostolische Unterhaltsrecht

Hier zeichnen sich Konturen eines Streites um das sogenannte apostolische Unterhaltsrecht ab, der sehr viel weiter reicht und auch das Kollektenunternehmen nicht unberührt läßt. Der Herr Jesus hatte seinen Jüngern bei der Aussendung selbst das Wort mit auf den Weg gegeben: »Der Arbeiter ist seines Lohnes wert« (Lk 10,7), und Paulus greift das im ersten Korintherbrief auch ausdrücklich auf: »So hat auch der Herr denen, die das Evangelium verkündigen, aufgetragen, daß sie auch vom Evangelium leben sollen« (1 Kor 9,14). Die Empfänger der Evangeliumsbotschaft haben, anders gesagt, die Aufgabe, für den Lebensunterhalt der Missionare aufzukommen. Paulus zitiert diese Regel paradoxerweise aber nur, um darauf hinzuweisen, daß er sie zwar auf seine eigene Person anwenden könnte, dies aber den Korinthern gegenüber bewußt nicht tut. Auch sonst hat er offenbar in der Gemeinde, in der er sich gerade aufhielt, seinen Lebensunterhalt mit eigener Handarbeit verdient. Nur aus der Ferne hat er manchmal etwas angenommen, aber auch hier nie von den Korinthern, in erster Linie wohl von der Gemeinde in Philippi in Mazedonien, an die er in seinem Brief schreibt: »Mit keiner Gemeinde war ich verbunden durch Geben und Nehmen außer mit euch« (Phil 4,15). Auch die Apostelgeschichte deutet verhalten an, daß Paulus bei seinem Gründungsaufenthalt in Korinth aus Mazedonien nicht nur personelle, sondern auch finanzielle Unterstützung erhielt (vgl. Apg 18,5).

Der Unterhaltsverzicht des Paulus

Damit haben wir nun die Koordinaten beisammen, die uns das Verständnis der Verse 7–9 aus unserem Text erleichtern. In Korinth hat Paulus auf ein ihm zustehendes Recht verzichtet und sich damit schon als Apostel erniedrigt. Er hat, was in manchen Kreisen als leicht anrüchig galt, Handarbeit verrichtet. Das Evangelium hat er verkündet, ohne Bezahlung dafür anzunehmen. Selbst bei akutem Geldmangel hat er die Korinther nicht mit diesen Sorgen belästigt. Er wartete auf die Boten aus Mazedonien, die ihm eine Spende der dortigen Gemeinden mitbrachten. In drastischer Sprache nennt er das eine Plünderung der anderen Gemeinden. Für den Dienst in Korinth habe er »von ihnen den erforderlichen Sold sich bezahlen lassen, wie ein Heerführer einer eroberten Provinz die Kosten für einen neuen Feldzug auferlegt« (Hans Windisch).

Warum Paulus sich gerade so und nicht anders verhalten hat, läßt sich nicht einmal so leicht sagen. Vielleicht wollte er gerade seinen Sorgenkindern in Korinth gegenüber alles vermeiden, was zu Konflikten hätte führen können, hört doch die Freundschaft oft genug beim Geld auf. Außerdem mußte er generell befürchten, als christlicher

Missionar sonst verwechselt zu werden mit den bettelnden Wanderphilosophen und den herumziehenden Propagandisten fremder orientalischer Kulte, die keinerlei Bedenken hatten, ihr Publikum nach Kräften zu schröpfen (siehe schon zu 2 Kor 2,17). Möglicherweise wollte er schließlich auch von vornherein der Gefahr entgehen, daß die Kollektengelder, die er für Jerusalem sammelte, mit Spenden für seine eigenen Lebensbedürfnisse verwechselt wurden. Verdächtigungen in dieser Richtung haben seine Gegner dennoch in Umlauf gebracht: Paulus könne mit großer Geste abwinken, wenn man zu seinen Unkosten etwas beisteuern wolle, weil er sich heimlich an den Kollektengeldern bereichere. Gegen diese Unterstellung setzt Paulus sich in 2 Kor 12,17–18 gezielt zur Wehr, und er baut, wie wir zu Kapitel 8 erkannt haben, in die Kollektenaktion bewußt Kontrollinstanzen ein.

Das Qualitätsbewußtsein der Korinther

Die Korinther haben, anders als wir es erwarten würden, Paulus seine Zurückhaltung nicht sonderlich gedankt. Freundschaft schloß nach ihrem Empfinden – im Einklang mit den Wertungen ihrer griechischen Umwelt – Gelddinge durchaus mit ein und sollte bis zur Gütergemeinschaft gehen. Den Verzicht darauf haben sie Paulus als ein Zeichen mangelnder Liebe ausgelegt (so erklärt sich die Schlußfrage in 2 Kor 11,11: »Warum tue ich das? Etwa weil ich euch nicht liebe? Gott weiß es«). Sie handelten wohl auch nach dem Motto: Was nichts kostet, ist auch nichts wert. Billigangebote täuschen nur. Dazu muß man noch berücksichtigen, daß im philosophischen Schulbetrieb die Lehrer sich für gute Arbeit selbstverständlich auch gut bezahlen ließen. Xenophon zitiert in seinen Erinnerungen an Sokrates den Einwand, den ein Sophist gegen seinen Meister erhob: »Du nimmst keinerlei Geld für den Umgang mit dir ... Wenn du dem Umgang mit dir irgendeinen Wert beimessen würdest, würdest du dir dafür nicht weniger Geld zahlen lassen, als er wert ist« (Mem I 6,11f).

An der Stelle konnten die Gegner den Hebel ansetzen. Sie nahmen Geld für ihre Tätigkeit, weil sie nach eigener Einschätzung wertvolle Ware zu verkaufen hatten. Wenn Paulus das nicht tut, gesteht er in ihren Augen ein, daß er im Grunde auch nichts zu bieten hat. Einerseits verblüfft, andererseits in ihrer zuvor enttäuschten Erwartungshaltung endlich bestätigt, haben ihnen die Korinther dieses selbstbewußte Auftreten anfangs honoriert. Sie wollten doch lieber Superapostel haben und dafür auch entsprechend bezahlen. Überzeugt davon, selbst von besserer Qualität zu sein und die bessere Ware zu vertreten, bleibt Paulus jedoch hartnäckig: »Diesen Ruhm wird mir niemand nehmen im Gebiet von Achaia« (so Vers 10). Seinen Unterhaltsverzicht rechnet er zu den Pluspunkten, in denen er sich von seinen Gegnern vorteilhaft abhebt, und mit dieser Einschätzung wird er sich, so hofft er, auf längere Sicht auch durchsetzen.

34

Ein (nicht ganz) edler Wettstreit

(16) Ich wiederhole: Niemand soll meinen, ich sei ein Narr. Geschieht dies aber doch, dann akzeptiert mich wenigstens in dieser Narrenrolle, damit ich endlich auch ein wenig prahlerischer auftreten kann. (17) Was ich jetzt sage, entspricht nicht der Absicht des Herrn, sondern in meiner Rolle als Narr stelle ich mir die Aufgabe, derart zu prahlen. (18) Da so viele ihre menschlichen Vorzüge herausstreichen, will auch ich es einmal prahlerisch tun. (19) Mit Vergnügen ertragt ihr ja die Narren, als verständige Leute, die ihr seid. (20) Klaglos nehmt ihr es hin, wenn jemand euch tyrannisiert, euch die Haare vom Kopf frißt, euch Geld abnimmt, überheblich auf euch herabschaut und euch ins Gesicht schlägt. (21) Zu meiner Schande muß ich gestehen: Dazu waren wir allerdings zu schwach. Wo aber jemand dreist wird – jetzt rede ich als Narr –, da werde auch ich dreist:
(22) Hebräer sind sie? Ich auch!
Israeliten sind sie? Ich auch!
Nachkommen Abrahams sind sie? Ich auch!
(23) Diener Christi sind sie?
Jetzt rede ich ganz unvernünftig: Ich noch mehr!

2 Kor 11,16–23a

Die »Narrenrede«

Der Volksmund weiß: Kinder und Narren sagen die Wahrheit. Zur Karnevalszeit kann man beobachten, wie respektable Bürger mit Hochschulbildung in ein Narrengewand schlüpfen, so verkleidet ans Rednerpult treten und in der Rolle des Narren einen geschliffenen Vortrag voller funkelnder Pointen darbieten, in dem sie vieles kritisch aufs Korn nehmen, was ihrer Meinung nach im argen liegt. Das Publikum, das im Alltag sicher sehr befremdet reagieren würde, wenn jemand so aus seiner gewohnten Rolle fällt, stimmt in diesem Fall begeistert zu. Für das, was Paulus hier in Vers 16 in Angriff nimmt und bis weit ins zwölfte Kapitel hinein durchhält, hat sich die Bezeichnung »Narrenrede« eingebürgert. Was er eigentlich tut und was er damit bezweckt, sagt er uns in der Einleitung in den Versen 16–19 deutlich genug. Er übernimmt bewußt eine Rolle, von der er weiß, daß sie nicht sein Wesen trifft, die Rolle eines Toren oder Narren. Aber in dieser Rolle kann er endlich seine christlich gebotene Zurückhaltung aufgeben, seine Bescheidenheit über Bord werfen und all das sagen, was er als echter Apostel im Dienst seines Herrn zuvor nicht zu sagen wagte. Er kann auftrumpfen, prahlen, seine eigenen Leistungen herausstreichen, sich mit seinen Gegnern vergleichen, und das zu seinem Vorteil.

Die ironische Pointe

Tatsächlich läßt sich Paulus sogar in einen förmlichen Redewettstreit mit seinen Gegnern ein, auch wenn er den nur in seinem Text inszeniert. Als Zuschauer und Schiedsrichter fungieren die Korinther. Sie sollen entscheiden, wer denn nun wirklich der Beste ist. Eine besondere Ironie liegt noch darin, daß er die Korinther einerseits als besonders kluge Leute anspricht, andererseits von ihnen Toleranz für Narren einfordert, weil sie die erfahrungsgemäß schon oft genug aufgebracht haben, nämlich seinen Gegnern gegenüber. Vielfach ironisch gebrochen geht es dann auch weiter, denn darin besteht eine besondere Pointe der ganzen Narrenrede, daß Paulus auch als Narr nichts als die reine und lautere Wahrheit sagt.
Die erste Station in diesem Wettkampf, der sich über

mehrere Disziplinen erstreckt, erreichen wir mit den Versen 20–23. Paulus führt einen dreigestuften Vergleich zwischen sich und seinen Gegnern durch, mit unterschiedlichen Resultaten. Er gibt sich der Reihe nach als *unterlegen,* als *gleichwertig* und als *überlegen* zu erkennen.

Erstes Zwischenergebnis

Auf eine besondere Nachsicht der Korinther Narren gegenüber könnte man schließen, wenn man sieht, was sie alles von den ungebetenen Besuchern ohne Widerspruch hinnehmen. Die Paulusgegner können ihnen ruhig das Geld aus der Tasche ziehen und ihre Vorräte plündern, sich als Herren aufspielen und Befehle erteilen, es macht ihnen anscheinend nichts aus. Paulus bekennt in diesen Punkten gerne seine *Unterlegenheit,* über die sich die Gemeinde aber freuen sollte, weil sie ihr zugute kam: Er wollte von ihnen keinen Beitrag zu seinem Lebensunterhalt haben und hat sich nicht dermaßen herrisch gebärdet (vgl. 2 Kor 1,24). Daß Paulus diese erste Partie verliert, verbucht er auf der Habenseite.

Zweites Zwischenergebnis

Das zweite Kräftemessen endet mit einem *Patt,* und das festzustellen hält Paulus schon für kühn, das tut er bereits in seiner Narrenrolle, woran er am Schluß von Vers 21 erinnert. Über seine Gegner erfahren wir indirekt, daß sie eine stark judenchristliche Prägung aufweisen und stolz auf ihre genuin jüdische Abstammung sind. Im einzelnen bezieht sich »Hebräer« wohl auf die jüdische Nationalität und auf die Sprache. »Israeliten« nimmt mehr die große religiöse Vergangenheit des Volkes in den Blick, während »Same Abrahams« auf die missionarische Tätigkeit unter Nichtjuden abzielt, galt doch Abraham als Vorbild aller Menschen, die zum jüdischen Glauben fanden, und auch seine geistige Nachkommenschaft sollte überaus zahlreich sein. Daß Paulus, »beschnitten am achten Tag, aus dem Volk Israel, dem Stamme Benjamin, ein Hebräer von den Hebräern, dem Gesetz nach ein Pharisäer« – so Paulus im Philipperbrief über sich selbst (Phil 3,5) –, hier leicht mithalten kann, steht völlig außer Frage.

Drittes Zwischenergebnis

Den krönenden Abschluß bildet der letzte Vergleich, wo Paulus sich mit noch mehr Kautelen (»ganz unvernünftig«) als *überlegen* bezeichnet. Den Dienst als Bote Christi möglichst getreu zu verrichten, darauf allein kommt es an. Und das hat der Apostel sehr viel besser fertiggebracht als seine Gegner, die er nicht zufällig kurz zuvor als Satansdiener disqualifiziert hatte (in 2 Kor 11,15). Seine überlegene Qualität als »Diakon Christi« muß er uns noch beweisen, und dem dient, jetzt ganz ohne Seitenblick auf die Gegner, die folgende Liste seiner »Glanztaten«.

35

Persönliche Bestleistungen

*Ich habe mehr Mühsal getragen,
war öfter im Gefängnis,
wurde mehr geschlagen
und befand mich häufig in Todesnot.*

*(24) Von den Juden erhielt ich fünfmal die vierzig Hiebe
weniger einen,
(25) dreimal wurde ich mit Ruten geschlagen,
einmal mit Steinen beworfen,
dreimal erlitt ich Schiffbruch,
vierundzwanzig Stunden trieb ich auf hoher See.*

*(26) Auf meinen häufigen Reisen sah ich mich konfrontiert mit:
Gefahren von Flüssen, Gefahren von Räubern,
Gefahren vom eigenen Volk, Gefahren von Heiden,
Gefahren in der Stadt, Gefahren in der Wüste,
Gefahren auf dem Meer,
Gefahren von falschen Brüdern.*

*(27) Ich erduldete Mühsal und Plage;
es gab durchwachte Nächte, Hunger und Durst,
häufiges Fasten, Kälte und Blöße.*

*(28) Um von allem anderen einmal ganz abzusehen:
dem täglichen Andrang zu mir,
der Sorge um alle Gemeinden.
(29) Wer leidet unter seiner Schwachheit, ohne daß ich* mit *ihm
fühle?
Wer droht zu scheitern, ohne daß mir das Herz brennt?*

2 Kor 11,23b–29

Augustus und Alexander

Als »Königin« aller antiken Inschriften gilt eine in Stein gehauene Abschrift des Tatenberichts von Kaiser Augustus, die im heutigen Ankara gefunden wurde. Das in Bronze gegossene Original, das am Grabmal des Kaisers in Rom angebracht war, ist nicht erhalten geblieben. Augustus blickt darin auf sein Leben zurück und legt Rechenschaft ab. Unter anderem hält er fest: »Zweimal habe ich in einfacher Form triumphiert und dreimal den offiziellen großen Triumph gefeiert. Einundzwanzigmal wurde ich zum Herrscher ausgerufen ... Konsul bin ich bis zu dem Zeitpunkt, da ich dies schreibe, dreizehnmal gewesen .... Mehrfach wurden zu mir Gesandtschaften der Könige Indiens geschickt ...« Man sieht, Rekorde in Listen festzuhalten, ist keine rein moderne Erscheinung.
Ein weiteres, etwas anders gelagertes Beispiel: In einem Geschichtswerk über Alexander den Großen kommt der berühmte Heerführer selbst zu Wort. Vor versammelter Mannschaft erinnert er an die Strapazen, die er selbst mitgemacht hat: »Von Schwerthieben bin ich im Nahkampf verwundet worden, habe Pfeilschüsse erhalten, Geschosse aus Wurfmaschinen haben mich getroffen, häufig habe ich auch Schläge von Steinen oder Keulen aushalten müssen ... Durch alle Länder und Meere habe ich euch geführt, durch Flüsse, über Berge und durch die Ebenen« (Arrian, Anabasis VII 10,2).

Berührungspunkte

Die Kontaktstellen mit dem langen Katalog von Leiden, den Paulus in Vers 23b–29 zusammenstellt, als Verzeichnis seiner persönlichen »Bestleistungen«, sind unschwer auszumachen. Wie Kaiser Augustus, dessen Tatenbericht er bei seiner Reise durch Kleinasien durchaus gelesen haben kann, zählt er mit: fünfmal die Geißelung in der

Synagoge (bei der aus Vorsicht, weil man sich verzählen konnte, ein Hieb weniger als die im Gesetz vorgeschriebenen vierzig erteilt wurde), dreimal die römische Prügelstrafe, dreimal lebensgefährlichen Schiffbruch, einmal einem Steinhagel ausgesetzt. Wie Alexander der Große schildert er seine Strapazen und Entbehrungen zu Wasser und zu Land, bei Tag und bei Nacht, und zeigt seine Wunden vor.

Kein Ruhmesblatt

Die sprachlich durchgefeilte Liste des Paulus mit ihren verschiedenen Strophen, die unverkennbar einen eigenen Rhythmus besitzen, wirkt an sich schon eindrücklich genug. Aber aus dem Kontrast heraus gewinnt sie noch einmal ein ganz eigenes Profil. Auf der einen Seite haben wir den Weltenherrscher, den großen Kaiser Augustus, der stolz seine Ämter und Ehrungen aufzählt, auf der anderen Seite den völlig unbekannten Apostel, der peinlich genau alles festhält, was für ihn schmerzlich, verletzend (im Sinn des Wortes), erniedrigend, blamabel, lebensbedrohend war. Ebenso stehen sich gegenüber der Welteroberer Alexander, der seine Führungsqualitäten in unentwegtem Einsatz an vorderster Front bewiesen hat, und ein Paulus, der sich lediglich mit dem herumschlägt, was einem einfachen Reisenden im unwegsamen Inneren Kleinasiens, in den Küstenstädten mit ihrem Bevölkerungsgemisch und auf dem launischen Mittelmeer zustoßen konnte. Was bei Paulus neu hinzukommt, sind Streitereien (die Gefährdung durch falsche Brüder, d.h. durch Mitchristen, in Vers 26 scheint bezeichnenderweise schlimmer zu sein als alles zuvor Genannte) und innergemeindliche Sorgen, die mit seiner Seelsorgstätigkeit zusammenhängen, aber keinerlei welt- und machtpolitische Relevanz haben.

Der wahre Triumphator

Dieser Gegensatz zwischen Alexander und Augustus einerseits und Paulus andererseits läßt sich in zwei Richtungen interpretieren. Zum einen stellen für Paulus seine scheinbaren Niederlagen in Wirklichkeit seine echten Triumphe dar. Um der Verkündigung des Evangeliums von Jesus Christus willen hat er das alles auf sich genommen. Er wird dadurch immer gleichförmiger mit seinem Herrn, der sich ebenfalls nicht geschont, sondern sein Leben mit letzter Konsequenz aufs Spiel gesetzt hat. Zum andern ergibt sich unterschwellig sehr wohl eine echte Vergleichsmöglichkeit. Der Welteroberer Alexander und der Weltenherrscher Augustus haben ernsthafte Konkurrenz bekommen. Eine neue Bewegung ist dabei, die Mittelmeerwelt zu erobern und über kurz oder lang zu beherrschen. Ihr Feldherr heißt Paulus und ihr Herrscher Christus. Wunden, die Paulus bei diesem Kampf davonträgt, zeichnen ihn nicht weniger aus wie die Verwundungen, deren ein Alexander sich rühmt.

Wir könnten jetzt noch die einzelnen Positionen in der Liste des Paulus durchgehen und versuchen, dafür den entsprechenden Zeitpunkt in seiner Biographie aufzuspüren, was nur in wenigen Fällen gelingt (vgl. beispielshalber die Steinigung in Lystra in Apg 14,19 oder das mit Ruten geschlagen Werden in Philippi in Apg 16,22). Aber das wollen wir nicht mehr tun; wichtiger war die Bestimmung der Gesamtaussage. Sein Ziel hat Paulus erreicht: Niemand wird ihm jetzt noch absprechen können, daß er ein echter Diener Christi ist, und dies in größerem Ausmaß als andere.

Paulus, der Antiheld

Nicht unerwähnt bleibe aber die burleske Episode, mit der Paulus in wohldurchdachter Absicht dieses großartige elfte Kapitel beschließt, weil sie geeignet ist, den ganzen Trend dieser »Ruhmesliste« noch einmal zu bestätigen. Paulus berichtet in Vers 32–33, wie es ihm in Damaskus erging: Dort »bewachte der Statthalter des Nabatäerkönigs Aretas die Stadt, um mich zu fangen. Aber durch ein Fenster wurde ich in einem Korb über die Mauer hinabgelassen und entkam so ihren Händen«. Der Apostel in einem großen Wäschekorb – dieses sowieso schon etwas lächerliche Bild erhält zusätzliche Farbe, wenn man weiß, daß bei den Römern der Soldat, der als erster eine feindliche Stadtmauer erstiegen hatte, als heißbegehrte Auszeichnung die sogenannte »Mauerkrone« empfing. Paulus, der Antiheld, hingegen ist der erste, wenn es darum geht, von einer Mauer möglichst schnell hinunter zu gelangen zwecks schmählicher Flucht. So feiert er seine Siege.

36
Zum Paradies und zurück

(1) Prahlen muß sein. Es nützt zwar niemandem, ich werde jetzt aber dennoch auf Visionen und auf Offenbarungen des Herrn zu sprechen kommen. (2) Ich kenne einen Menschen in Christus, der wurde vor vierzehn Jahren – ob mit dem Leib, ich weiß es nicht; ob ohne seinen Leib, ich weiß es nicht, Gott weiß es – entrückt bis in den dritten Himmel. (3) Und ich weiß ferner von dem betreffenden Menschen, daß er – ob mit dem Leib oder ohne den Leib, das weiß ich wiederum nicht; nur Gott weiß es – (4) entrückt wurde bis ins Paradies und dort unsagbare

Worte hörte, die ein Mensch nicht aussprechen darf. (5) Im Blick auf diesen Menschen will ich prahlen, im Blick auf mich selbst aber will ich keineswegs prahlen, es sei denn, ich gebe mit meinen Schwächen an. (6) Zwar wäre ich, wenn ich prahlerisch reden wollte, kein Narr, weil ich nichts als die Wahrheit sage. Ich erspare mir das aber, damit nicht jemand über mich urteilt aufgrund von Dingen, die über das hinausgehen, was er direkt an mir sieht oder von mir hört.

2 Kor 12,1–6

Die Himmelsgeographie

Wie viele Himmel gibt es? Die Frage mag seltsam klingen, aber auch bei uns gilt es immer noch als das Höchste, wenn jemand sagen kann: »Ich fühle mich wie im *siebten Himmel*.« Ohne daß der Sprecher weiter darüber nachdenkt, setzt er mit diesen Worten die Existenz von nicht weniger als sieben Himmeln voraus. Mehr brauchen wir in dem Fall allerdings nicht, denn der siebte Himmel als der Höhepunkt des Erlebens dürfte zugleich auch der oberste sein.

Paulus seinerseits erwähnt in Vers 2 einen dritten Himmel und in Vers 4 das Paradies. Wir müßten nun die antike Himmelsgeographie ein wenig besser kennen, um den Standort des Paulus darin einzeichnen zu können. Bei näherem Hinsehen erweist sie sich als ungemein vielfältig. Die verbreitetste Vorstellung war die mit den sieben Himmeln, die bis heute überlebt hat. Der höchste Himmel als Wohnsitz Gottes konnte je nachdem mit dem siebten Himmel gleichgesetzt oder auch als achter Himmel noch darüber gelegt werden. Daneben kannte man aber auch Modelle mit drei Himmeln oder im Extremfall mit zehn Himmeln. Das Paradies, der klassische Aufenthaltsort der Seelen der verstorbenen Gerechten, wurde manchmal in den jeweils obersten Himmel, manchmal an einen noch jenseitigeren Ort verlegt.

Fragen an Paulus

Was Paulus angeht, so setzt er offenkundig ein Modell mit nur drei Himmeln voraus, und das Paradies dürfte für ihn im dritten und zugleich höchsten Himmel zu lokalisieren sein. Das führt uns aber zu der noch weiterreichenden Frage, wie sich überhaupt die beiden Anläufe in Vers 2 und in Vers 3–4 zueinander verhalten. Erzählt Paulus von zwei verschiedenen Entrückungen, deren erste nur in den dritten Himmel und der zweite erst ins Paradies führte, oder doch nur von einer? Wer ist eigentlich dieser Mensch, von dem er so distanziert in der dritten Person redet? Und was hat es mit der Unsicherheit hinsichtlich des Leibes auf sich?

Wenn wir den ersten Durchgang in Vers 2 und den zweiten Durchgang in Vers 3–4 miteinander vergleichen, stellen wir bei aller Parallelität im Aufbau auch gewisse Unterschiede fest. Nur beim ersten Mal wird eine Datierung geboten: »vor vierzehn Jahren«, was die Erinnerung an die prophetischen Visionsberichte im Alten Testament wachruft. Man braucht, um das zu erkennen, nur den Anfang des Buches Ezechiel daneben zu halten: »Am fünften Tag des vierten Monats im dreißigsten Jahr, als ich unter den Verschleppten am Fluß Kedar lebte, öffnete sich der Himmel, und ich sah eine Erscheinung Gottes.« Der dritte Himmel gibt nur die Endstation an. Beim zweiten Mal fehlt die Datierung, dafür wird aber das Ziel durch die Bezeichnung als »Paradies« positiv qualifiziert: Es wurde ein Blick in das Reich der reinen Glückseligkeit gewährt. Nur hier finden sich am Ende auch sparsame Angaben über das, was bei dieser visionären Schau eigentlich inhaltlich herauskam. Geheimnisvolle, mysteriöse Worte erklingen, auf denen wie in den antiken Mysterienkulten ein striktes Schweigegebot liegt. Niemand darf sie weitersagen; vielleicht könnte menschliche Sprache sie auch nicht einmal fassen.

Die Himmelsreise

Das führt uns zunächst zu dem Ergebnis, daß Paulus in zwei Schritten von einem einzigen Ereignis erzählt. Der Prophet Ezechiel sprach in der Ich-Form, Paulus berichtet von einem Menschen, den er kennt, meint aber damit ganz sicher ebenfalls sich selbst. Er legt eine bewußte Distanz zwischen den Apostel, der an die Korinther schreibt, und den Privatmann, der so etwas mehr als einmal erlebte. Der Form nach schließt Paulus sich an die zahlreichen Visionsberichte im prophetischen und apokalyptischen jüdischen Schrifttum an, das zahlreiche Parallelen auch in der griechischen und römischen Literatur hat. Ein Seher wird in den Himmel versetzt. Im Zustand der Entrückung durchwandert er verschiedene himmlische Zonen, sieht und hört dort allerlei verborgene, geheime Dinge, die er nach seiner Rückkehr von der Himmelsreise auf Erden einem auserwählten Schülerkreis mitteilt. Ein ungelöstes Problem blieb dabei, ob der Seher sich mit seiner ganzen Person, unter Einschluß seines Leibes zur Himmelsreise aufmacht, so mehrheitlich das Judentum, oder ob sein Körper auf der Erde zurückbleibt und nur seine Seele sich aufschwingt in die himmlischen Höhen, so die Griechen und Römer. Paulus ist sich dessen bewußt, läßt die Antwort in dem doppelten Einschub in Vers 2 und in Vers 3 aber einfach in der Schwebe: Ich weiß es nicht, Gott wird es wissen, das genügt.

Spürbare Reserven

Paulus hat persönliche visionäre und ekstatische Erfahrungen in bereitliegende sprachliche Muster eingekleidet, aber er tut das mit auffälliger Zurückhaltung. Seine Schilderung fällt mit nur drei Versen enorm knapp aus, wenn man berücksichtigt, daß anderswo ganze Bücher nach diesem Schema konstruiert wurden. Er berichtet davon, als sei er selbst, sein »Ich«, ganz unbeteiligt und als kümmerten ihn die weiteren Begleitumstände gar nicht. Vor allen Dingen gibt er im Unterschied zu dem Seher in den apokalyptischen Schriften ausdrücklich *nicht* weiter, was er im Himmel hörte und sah. Das hat mit seinem apostolischen und missionarischen Auftrag anscheinend nicht das geringste zu tun, sonst dürfte er sich dieses Schweigen unter keinen Umständen leisten. Damit hängt auch zusammen, daß er erst vierzehn Jahre nach dem Ereignis den Korinthern, mit denen er inzwischen immerhin schon einige Jahre zu tun hatte, zum ersten Mal davon erzählt.

Hier hilft es wieder, sich daran zu erinnern, daß wir uns immer noch in der Narrenrede befinden. Zwar entspricht alles, was Paulus auch über sein visionäres Erleben schreibt, der reinen Wahrheit, das betont er zu Beginn von Vers 6. Aber er geht darauf nur sehr widerstrebend, nur gezwungenermaßen ein. Seine Gegner haben sich ihrer vielen Visionen und Gesichte gerühmt, was den Korinthern mit ihrem Hang zu extravaganten charismatischen Phänomenen wie der berühmten Zungenrede (vgl. 1 Kor 14) mächtig imponierte. Paulus will zeigen, daß er auch in diesem Punkt mit den Gegnern mithalten kann und mehr als dies, aber daß es darauf nun wirklich nicht ankommt. Wie man ihn im alltäglichen Umgang erfährt, was man, so der Schlußsatz, direkt an ihm wahrnimmt oder aus seinem Munde hört, das ist entscheidend, da bekommt man den Apostel zu packen. Paulus plädiert für nüchternen Realitätssinn, der außergewöhnliche Widerfahrnisse zwar nicht ausschließt, sie aber auf keinen Fall ins Zentrum christlichen Frömmigkeitslebens zu rücken bereit ist.

37

Symptomatik, Diagnose, Therapie

(7) Darum, damit ich mich nicht überhebe, wurde mir ein Dorn ins Fleisch gestoßen: ein Engel Satans, der mich mit Faustschlägen traktieren soll, damit ich nicht überheblich werde. (8) Seinetwegen habe ich dreimal den Herrn angefleht, er möge doch von mir ablassen. (9) Aber er hat nur zu mir gesagt: »Es genügt dir meine Gnade, denn die Kraft kommt in der Schwachheit zur Vollendung.« Viel lieber werde ich also mit meinen Schwächen prahlen, damit die Kraft Christi bei mir Wohnung nimmt. (10) Deswegen bin ich froh angesichts meiner Schwachheit, in Mißhandlungen und Nöten, in Verfolgungen und Ängsten, um Christi willen. Denn nur wenn ich schwach bin, bin ich stark.

2 Kor 12,7–10

Die Symptome

Am Anfang einer Krankengeschichte steht meist das Auftreten von Symptomen. In der Regel sind es Schmerzen, die der Körper als erste Warnsignale aussendet. Ihre Intensität und Wirkweise sprachlich zu beschreiben, fällt sehr schwer. Wir kennen dumpfe Schmerzen, bohrende Schmerzen, pochende Schmerzen, diffuse Schmerzen, solche, die sich langsam steigern, und solche, die uns blitzartig überfallen ... Das Repertoire scheint schier unerschöpflich zu sein.

Gewiß spricht Paulus hier im Bild: ein Dorn wurde ihm ins Fleisch gestoßen, und er bietet zusätzlich eine mythologische Erklärung an: ein Satansengel schlägt ihn mit der Faust ins Gesicht, aber man vermeint doch noch, hier geradezu das Stechen des Schmerzes herauszuspüren und sein unaufhörliches Hämmern. Stechende und hämmernde Schmerzen passen sich gut in die obige Galerie ein, aber was war ihre Ursache, wenn wir nicht metaphorisch und mythologisch denken, sondern in medizinischen Kategorien?

Die Diagnose

Sind wir überhaupt im Recht, wenn wir ganz selbstverständlich davon ausgehen, daß Paulus hier seine eigene chronische Erkrankung schildert? Das müssen wir als erstes noch absichern. Es existiert nämlich auch eine andere, alternative Auslegungstradition, die bei den Kirchenvätern etwas später einsetzt. Sie identifiziert den Stachel im Fleisch und den Satansengel mit den Gegnern, die Paulus das Leben überall schwer machen, hauptsächlich deshalb, weil im Alten Testament Dorn und Stachel als Bild für die Feinde Israels dienen (vgl. Ez 28,24: »Dann droht dem Haus Israel kein *stechender Dorn* und kein *verletzender Stachel* mehr von all seinen feindlichen Nachbarn«). Aber Bilder können vielfältig eingesetzt werden. Die Deutung auf einen Krankheitszustand liegt schon rein sprachlich näher, und sie findet ihre Bestätigung durch eine autobiographische Bemerkung des Apostels im Galaterbrief, wo er den Galatern voll Dankbarkeit schreibt: »Ihr wißt ja noch, wie ich euch, krank an meinem Leib, zuerst das Evangelium gebracht habe. Trotz des Anstoßes, den mein körperlicher Zustand euch bot, habt ihr mich nicht verachtet, nicht vor mir ausgespuckt, sondern wie einen Gottesboten habt ihr mich aufgenommen ...« (Gal 4,13f).

Wenn wir allerdings nach einem passenden Etikett für das Krankheitsbild suchen, stoßen wir an die Grenze unseres Wissens. Der große Patient ist nunmehr fast 2000 Jahre tot. Wir können ihn nicht mehr befragen, und die Andeutungen, die er darüber macht, sind leider alles andere als exakt. Nicht als ob es an Vermutungen fehlen würde, bei deren Studium man sich vorkommt, als blättere man in einem medizinischen Wörterbuch. Die Bandbreite reicht von Migräne, Kopfschmerzen, schwerem Augenleiden, Schwerhörigkeit über Ischias, Rheuma, Aussatz, Malaria, Nierenkoliken bis zu Hysterie, Epilepsie und endogener Depression. Trigeminusneuralgie lautet eine neueste, im Dialog mit Medizinprofessoren gewonnene Diagnose.

Die Therapie

Die Symptomatik hat Paulus ins Bild gefaßt durch den stechenden Dorn und die Schläge ins Gesicht. Bei der Diagnose erkennt er eine doppelte Verursachung seines Leidens. Er führt es zugleich auf das Wirken Satans, der einen Boten beauftragt, und auf das Wirken Gottes, von dem letztlich der Dorn ins Fleisch gestoßen wurde, zurück. Das ist nicht so ungewöhnlich, wie es scheint. Denken wir nur an das Buch Hiob, wo Gott es zuläßt, daß der Satan Hiob mit Krankheiten auf die Probe stellt.
Auch bei der Suche nach einer Therapie geht Paulus erwartungsgemäß eigene Wege. Wie Jesus sich in Getsemani dreimal im Gebet an den Vater wandte, so richtet Paulus seine Klage dreimal an den erhöhten Herrn und bittet darum, der Satansengel möge ihn doch in Ruhe lassen. Wie Jesus in Getsemani in den Willen Gottes, so willigt Paulus schließlich in das ein, was der Herr ihm antwortet. Erhofft hatte er sicher eine Wunderheilung, wie Jesus sie in seinen Erdentagen so oft vollbracht hatte. Statt dessen bekommt er nur ein Wort mit auf den Weg, das ihm aber Kraft gibt und das ihn trägt. Die Gnade seines Herrn wird es ihm ermöglichen, mit seiner Krankheit zu leben. Mehr noch, die Krankheit ist notwendig, um Paulus an die Erde zu binden, damit er nicht abhebt, um ein Gegengewicht zu schaffen zu seiner visionären Begabung und zu seiner

eigenen Wunderkraft. Und nur in diesem Zustand der Schwäche hat er die Möglichkeit, seinem gekreuzigten Herrn immer ähnlicher zu werden.
Wie Paulus dies akzeptiert und internalisiert, erkennen wir in Vers 10, der einen weiteren kleinen Leidenskatalog enthält. Am Ende setzt Paulus das unpersönlich gehaltene Herrenwort aus Vers 9 in die erste Person um und macht es sich so zu eigen: Nur in meiner Schwäche bin ich wirklich stark.

Der Sinn der Krankenakte

Warum hält Paulus seine Krankenakte nicht unter Verschluß, warum holt er sie heraus und zeigt sie vor? Warum sagt er diesmal, was er vom erhöhten Herrn hörte, im Unterschied zu den geheimnisvollen Worten aus dem Paradies, die er verschweigt, und warum redet er diesmal in der Ich-Form und nicht distanziert von diesem Menschen da? In Vers 12 wird Paulus den Korinthern ins Gedächtnis rufen, daß er sehr wohl auch Zeichen, Wunder und machtvolle Taten unter ihnen vollbracht hat, wenn sie das denn als Ausweis fürs Apostelsein verlangen. Hier tut sich nun eine schwer zu bewältigende Diskrepanz auf, die man mit dem Schlagwort vom »kranken Wunderheiler« charakterisieren kann. Der machtvolle Apostel ist selbst ein kranker Mann, der wunderbare Heilung auch durch intensives Gebet nicht finden konnte. Sein eher schwächliches Erscheinungsbild, von dem wir aus Kapitel 10 schon wissen, mag damit zu tun haben. Beides ließ sich jedenfalls sehr gut gegen seinen Autoritätsanspruch ausspielen. Deswegen zeigt Paulus auf, wo die wahren Werte zu suchen sind: sicher nicht in den Visionen und den Wundern, dann eher schon im geduldigen Ertragen der eigenen schmerzlichen Grenzen. Daß sie Paulus nicht an Höchstleistungen im missionarischen Einsatz gehindert haben, ist dabei nicht einmal so wichtig. Entscheidend ist vielmehr die Einsicht, daß er alles, was er vorzuweisen hat, einer fremden Kraft verdankt, die durch ihn wahre Wunder vollbringt, und daß diese Kraft ihn nicht am Kreuz vorbeiführt, sondern nur gegenwärtig ist in dem Schatten, den das Kreuz des Herrn und Meisters über das Leben seines Boten wirft.

38

Das Spiel ist aus

(19) Wahrscheinlich denkt ihr schon lange, daß wir uns bloß vor euch verteidigen. Aber wir reden in Christus, vor dem Angesicht Gottes. Und das alles, meine Lieben, geschieht doch nur zum Aufbau eurer Gemeinde.
(20) Ich habe nämlich Angst, daß ich euch bei meinem bevorstehenden Besuch nicht so antreffe, wie ich mir das wünsche, und ihr einen Paulus kennenlernen werdet, den ihr euch nicht wünscht.
Ich befürchte, daß ich Hader und Neid vorfinde, Unbeherrschtheit, Rivalitäten, Verleumdungen, üble Nachrede, Tumulte.
(21) Ich fürchte mich ferner davor, daß mein Gott mich, wenn ich wiederkomme, erneut vor euch demütigen könnte.
Und ich fürchte schließlich, daß ich Grund haben werde, traurig zu sein über die vielen, die früher schon gesündigt haben, die Lasterhaftigkeit, Unzucht und Ausschweifung getrieben haben und noch immer nicht zur Umkehr bereit sind.

2 Kor 12,19–21

Apologia pro vita sua

John Henry Newman, der große Konvertit, der im England des 19. Jahrhunderts von der anglikanischen zur katholischen Kirche übertrat, verfaßte in seinen späten Jahren (1864) eine *Apologia pro vita sua*, eine Verteidigung seines Lebens. Gezwungen sah er sich dazu durch einen Frontalangriff, mit dem ein christlicher Theologe anderer Konfession in aller Öffentlichkeit seine persönliche Integrität und die Ernsthaftigkeit seines Übertritts zum Katholizismus anzweifelte. Wenn Newman in seiner Verteidigungsschrift die Autorität der Kirche dahingehend bestimmt, sie sei »zur Erbauung, nicht zur Zerstörung« verliehen worden, lehnt er sich unverkennbar an Paulus an (vgl. neben Vers 19 in unserem Textstück auch 2 Kor 10,8 und 13,10). Das große literarische Vorbild für eine Apologie war im Altertum im übrigen die Verteidigungsrede des Sokrates vor Gericht, die sein Schüler Platon aufgezeichnet hat und in der es sich zur Hauptsache um religiöse und religionspolitische Vorwürfe dreht.

Paulus hatte schon im ersten Korintherbrief eine Apologie gegenüber allen, die abfällig über ihn urteilten, geboten (vgl. 1 Kor 9,3). Es verwundert daher nicht, wenn er jetzt im Rückblick feststellt: Wahrscheinlich denkt ihr, meine Adressaten, die ganze Zeit über schon, ich wollte mich lediglich vor euch verteidigen, rechtfertigen, entschuldigen, Ausreden finden.

Adressatenwechsel

Wir entnehmen dem als erstes, daß die »Narrenrede« inzwischen – mit der Schlußbemerkung in Vers 11–13, der noch die erneute Abwehr des Verdachts finanzieller Manipulationen in Vers 14–18 folgt – zu Ende ging. Das Spiel ist vorüber, das Narrenkostüm wurde wieder abgelegt, die Maske weggepackt. Paulus beschäftigt sich jetzt bis zum Briefschluß nicht mehr mit seinen Gegnern, auch nicht in Nebensätzen oder mit Seitenhieben, sondern wendet sich der Gesamtgemeinde zu.

Die Narrenrede war es aber, die den Eindruck einer etwas gezwungenen Apologie erwecken konnte. Paulus weist das auch nicht global von der Hand. Er hält nur fest, daß er sich nicht vor der Gemeinde zu verteidigen braucht, sondern wenn schon, dann allein vor dem letzten Forum, dem er sich verantwortlich weiß, und das ist, wie wir oben schon zu 2 Kor 2,17 sahen, nur Gott. Daß er sich überhaupt zu dieser scharfen Gegenrede aufgeschwungen hat, kommt weniger seiner eigenen Person als vielmehr der Gemeinde zugute. Gegen ihren Willen hat er ihre eigenen Ursprünge verteidigt vor Eindringlingen, die sie von ihrem Gründungsapostel loseisen wollten. Aber losgelöst vom Fundament, von der Wurzel, wäre der Aufbau der Gemeinde ins Stocken geraten, ihr weiteres Wachstum im Keim erstickt worden.

Ein neuer Tonfall

Mit dem Wechsel von der Narrenrede zum Rückblick ist auch eine Veränderung im Tonfall verbunden. Sofort verlieren die Worte des Paulus an Schärfe, wie die neue Anrede der Adressaten mit »meine Lieben« in Vers 19 zeigt. Die Hoffnung auf eine Versöhnung mit der Gemeinde, die mit einer Ausschaltung der Gegner erkauft werden muß, hat Paulus auch in dieser konfliktreichen Lage noch längst nicht aufgegeben. Dennoch herrscht keineswegs eitel Sonnenschein, vielmehr muß Paulus in den Versen 20 und 21 erst noch einige Flurbereinigungen vornehmen. Er tut das, indem er nacheinander vier Ängste oder Befürchtungen artikuliert, die ihn überkommen, wenn er an die Gemeinde und sein Verhältnis zu ihr denkt.

Nägel mit Köpfen machen

Die erste Befürchtung bezieht sich auf den bevorstehenden Besuch des Apostels in Korinth. Möglicherweise hat sich bis dahin die Lage doch noch nicht hinreichend entspannt, und dann werden die Korinther Paulus von einer ganz anderen Seite kennenlernen, dann werden endlich »Nägel mit Köpfen« gemacht. Was sich hinter einer solchen Drohgebärde eigentlich verbirgt, läßt sich nur schwer sagen. Institutionelle Druckmittel standen auch einem Apostel noch nicht zur Verfügung. Was Paulus z.B. tun könnte: Er könnte in ungewohnter Härte reden, eine donnernde Strafpredigt halten, in der er die tiefsten Grundlagen des Glaubenslebens beschwört und zur Disposition stellt, mit der Wucht seiner theologischen Argumente jeden Widerstand zum Schweigen bringen und jeden Gegner an die Wand drücken.

Animositäten und Diffamierungen

Als zweites bringt Paulus zur Begründung seiner Ängste einen Lasterkatalog ein, den ersten, den wir im zweiten Korintherbrief vorfinden. Im Gegensatz zu anderen Lasterkatalogen (vgl. z.B. die lange Liste mit »Werken des Fleisches« in Gal 5,19–21) fehlen Verbrechen wie Diebstahl und Mord, es fehlen Götzendienst und sexuelle Sünden. Mit schwer zu übersetzenden Wendungen läßt Paulus nur Formen sozialer Spannungen Revue passieren. Er rechnet mit Animositäten und Diffamierungen, mit leidenschaftlichen Ausbrüchen gegen ihn, mit Fraktionsbildungen und Flügelkämpfen innerhalb der Gemeinde. So heillos zerstritten werden die Gegner die Gemeinde zurücklassen, wenn sie endlich abziehen.

Ein weiterer Fehlschlag?

Daraus folgt als Resultat, daß Paulus sich, und das ist seine dritte Befürchtung, keineswegs sicher sein kann, ob sein geplanter neuer Besuch glücklicher verlaufen wird als der Zwischenbesuch, der ein Fehlschlag war (s. oben zu 2 Kor 2,5–11). Aber auch schon ein so unerfreulicher Zustand einer Gemeinde, für die er sich verantwortlich fühlt, wie der soeben geschilderte, würde für ihn eine Blamage bedeuten. Er würde sie in Demut als göttliche Prüfung ertragen, aber er wünscht sie sich selbstverständlich nicht.

Verstockte, alte Sünder

Im vierten und letzten Durchgang stimmt Paulus ein Trauerlied an über verstockte und unbußfertige alte Sünder, die er verlorengeben muß, wenn noch immer keine Umkehrbereitschaft zu erkennen sein sollte. Diesmal setzt Paulus einen kleinen, dreigliedrigen Lasterkatalog ein, der sich ausschließlich auf sexuelle Fehltritte bezieht. Weil Paulus so betont von »früher« und »noch immer nicht« spricht, denken wir sofort an den ersten Korintherbrief zurück, wo wir unter anderem erfahren, daß jemand ein verbotenes Verhältnis zu seiner Stiefmutter unterhielt (1 Kor 5,1–5) und andere weiterhin ungerührt die Dienste von Prostituierten in Anspruch nahmen (1 Kor 6,12–20). Es stehen noch unerledigte Rechnungen offen, die durch den Zwischenfall und das Auftreten der Gegner zeitweilig nicht bearbeitet werden konnten. Aber sie sind nicht vergessen. Bilanz wird gezogen, wenn der Apostel nach Korinth kommt.

39

Aller guten Dinge sind drei

(1) Zum dritten Mal komme ich jetzt zu euch. Gilt doch: »Aufgrund der Aussage von zwei oder drei Zeugen wird jeder Streitfall entschieden.« (2) Denen, die früher gesündigt haben, und allen übrigen schreibe ich jetzt aus der Ferne, was ich bei meinem zweiten Aufenthalt bereits angekündigt habe: Wenn ich wiederkomme, werde ich keine Nachsicht mehr üben. (3) Ihr fordert ja einen Beweis dafür, daß Christus durch mich spricht. Er ist euch gegenüber nicht schwach, sondern wirkt kraftvoll unter euch. (4) Gekreuzigt wurde er zwar in seiner Schwachheit, aber er lebt aus Gottes Kraft. Auch wir sind jetzt zwar schwach in ihm, wir werden aber leben mit ihm aus Gottes Kraft, vor euren Augen.

2 Kor 13,1–4

Das Gesetz der Dreizahl

Mit der Dreizahl hat es seine besondere Bewandtnis. Daß aller guten Dinge drei sind, lernen schon Kinder. In den Volksmärchen begegnen ihnen drei Brüder, die der Reihe nach losziehen, bis der dritte drei Prüfungen besteht und mit der Prinzessin heimkehrt, und sie erfahren, daß die gute Fee ihrem Schützling drei Wünsche freistellt. Aber wir müssen gar nicht so weit gehen. Dreimal dürfen die Fußballspieler im aktuellen Sportstudio jeden Samstagabend den Ball auf die untere und dreimal auf die obere Ecke der Torwand schießen. Drei Rateversuche werden in manchen Quizsendungen den Kandidaten gewährt. Offenbar bringt die Dreizahl mit sparsamsten Mitteln Totalität und Fülle zum Ausdruck. Vielleicht hängt das mit Grundkonstellationen menschlichen Gemeinschaftslebens zusammen, etwa mit der Dreiheit von Vater, Mutter und Kind. Wie dem auch sei, auch die biblische Überlieferung blieb vom Gesetz der Dreizahl nicht unbeeinflußt. Daß Paulus dreimal betet, wie Jesus in Getsemani, haben wir vor kurzem erfahren (siehe oben zu 2 Kor 12,7–10). Aber das reicht noch viel weiter, schreibt doch der Prophet Hosea von Gott: »Nach zwei Tagen gibt er uns das Leben zurück, am dritten Tag richtet er uns wieder auf, und wir leben vor seinem Angesicht« (Hos 6,2). Der dritte Tag ist der Tag, an dem Gottes helfendes und rettendes Eingreifen den glücklichen Ausgang herbeiführt. Es dürfte alles andere als ein Zufall sein, wenn die neutestamentlichen Glaubensformeln den dritten Tag für die Auferstehung Jesu von den Toten reservieren.

Drei Zeugen für Korinth

Beides kommt in unserem Textabschnitt vor, wenn auch nur unverbunden nebeneinander stehend bzw. nur sehr unterschwellig miteinander verbunden: die Dreizahl und die Auferstehung. Die Dreizahl betrifft die geplante Reise des Paulus nach Korinth. Es wäre nach dem Gründungsaufenthalt und der enttäuschenden Blitzvisite sein dritter Besuch in der Gemeinde. Daß Paulus dieser Dreizahl besondere Bedeutung beimißt und sie nicht als reines Zufallsprodukt wertet, verrät er uns dadurch, daß er in Vers 1 einen Grundsatz aus dem alttestamentlichen Mehrzeugenrecht zitiert: »Wenn es um Leben oder Tod eines Angeklagten geht, darf er nur auf die Aussage von zwei oder drei Zeugen hin zum Tode verurteilt werden. Auf die Aussage eines einzigen Zeugen hin darf er nicht zum Tode verurteilt werden« (Dtn 17,6), oder: »Wenn es um ein Verbrechen oder ein Vergehen geht, darf ein einzelner Belastungszeuge nicht Recht bekommen ... Erst auf die Aussage von zwei oder drei Zeugen darf eine Sache Recht bekommen« (Dtn 19,15).

Die Bedeutung des dritten Besuchs

Es wirkt zwar etwas gewaltsam, daß Paulus seine drei Besuche als drei voneinander unabhängige Zeugen zählt. Vielleicht konnte er sich dabei auf eine jüdische Auslegungstradition stützen, die das zweite Zitat (aus Dtn 19,15) so deutete, daß ein potentieller Übeltäter zwei- bis dreimal vor den strafrechtlichen Konsequenzen seines Vergehens gewarnt werden sollte. Fest steht, daß für Paulus der dritte Besuch die endgültige Entscheidung bringen muß. Das sagt er mit ähnlichen Worten wie zuvor am Ende von Kapitel 12 jetzt in Vers 2: Schonung und Nachsicht wird es dann nicht mehr geben. Jedes weitere Zögern, jedes weitere Hin und Her verbietet sich von selbst. Der Streit mit Korinth muß bereinigt werden, damit sich Paulus endlich dringenden weiteren Aufgaben wie Überbringung der Kollekte und Missionierung in Spanien widmen kann. Paulus unterstellt sich also für seine Korinthbesuche selbst der Regel, daß nur drei Versuche freistehen, nur drei Anläufe möglich sind. Er gibt sich aber auch der Hoffnung hin, daß spätestens beim dritten Mal Gott durch sein helfendes Eingreifen einen demonstrativen Erfolg ermöglichen wird.

Der theologische Grund

Schon damit dürfte hinreichend klargestellt sein, daß es um mehr geht als um bloße Zahlenspielereien. Aber Paulus begnügt sich nicht damit, sondern begründet die Wertung seines dritten Besuchs in Vers 3–4 aus dem Zentrum des Christusgeschehens heraus. Hier ist wieder sehr genaues Hinschauen erforderlich. Die Korinther wollen sichergehen, daß der erhöhte Christus in und durch Paulus redet, was sie im Sinne gängiger Inspirationstheorien verstehen: Die himmlische Macht ergreift vom Ekstatiker Besitz und macht ihn zu ihrem Sprachrohr. Paulus seinerseits bevorzugt die prophetische Sicht aus dem Alten Testament: Christus hält ihn nicht besetzt, sondern nimmt ihn als Werkzeug in seinen Dienst und gibt ihm den Auftrag, für ihn zu reden. Paulus spricht, andersherum gesagt, im Namen Christi. Das aber kann man nachprüfen, daß dieses im Namen Christi gesprochene Wort sich als überaus fruchtbar erwiesen und dadurch die Echtheitsprobe bestanden hat. Das kraftvolle Wirken des Wortes Christi hat unter den Korinthern den Glauben grundgelegt, die Gemeinde entstehen lassen, Wundertaten produziert und die reiche Fülle an Charismen, auf die sie so stolz sind, erzeugt.

Diesen Machterweisen Christi steht ein Zustand gegenüber, der auch für Christus mit dem Attribut »schwach« belegt werden muß. Dafür zitiert Vers 4 in der ersten Hälfte Fragmente aus überlieferten urchristlichen Glaubensformeln. Die Phase der Schwachheit kulminierte im Kreuzestod. Schwachheit meint also die irdisch-menschliche Existenz Jesu, seine schwache menschliche Natur, die es zuließ, daß auch über ihn der Tod Macht gewann. Aber das war nur die eine Hälfte des Weges, nicht schon Ende und Ziel. Gott hat ihn mit seiner Wunderkraft aus dem Tode auferweckt, und jetzt lebt er als der Auferstandene und Erhöhte in göttlicher Macht und Herrlichkeit.

Eine Phasenverschiebung

Bei der Übertragung des Christuswegs auf die Person des Apostels in der zweiten Hälfte von Vers 4 stellt sich eine unbedingt zu beachtende Phasenverschiebung ein: Was für Christus *Vergangenheit* ist, die Schwachheit, bestimmt zunächst ganz und gar die *Gegenwart* des Paulus. Er lebt als schwacher, anfälliger, hinfälliger Mensch, von Krankheiten geplagt und zahllosen Widerständen ausgesetzt. Die *Gegenwart* Christi, sein Leben seit der Auferstehung, liegt für Paulus eindeutig noch in der *Zukunft*. Er wird einst mit Christus leben, in innigster Gemeinschaft mit ihm, was er im ersten Thessalonicherbrief für alle Glaubenden in Aussicht stellt (1 Thess 4,14) und im Philipperbrief für sich selbst erhofft (Phil 1,23).

Aber damit ist noch nicht das letzte Wort gesprochen. Daß dies der Schlußwendung zufolge »vor euren Augen« oder (wörtlicher) »auf euch hin« geschieht, erklärt sich nur so, daß auch in der gegenwärtigen, schwachen, irdischen Existenzweise des Apostels und durch sie den Korinthern gegenüber auch die totenerweckende Kraft Gottes und die Wundermacht des erhöhten Christus zur Auswirkung kommt. Man kann es nicht besser kommentieren als mit den Worten des Apostels selbst, die im Versöhnungsbrief stehen: »Überall tragen wir die Tötung Jesu an unserem Leibe herum, damit auch das Leben Jesu an unserem Leibe sichtbar werde ... So wirkt der Tod *an uns*, das Leben aber *an euch*.«

40
Hochachtungsvoll, Ihr ...

(11) Im übrigen, liebe Brüder, freut euch, kehrt auf den rechten Weg zurück, laßt euch ermahnen, seid eines Sinnes, haltet Frieden, und der Gott der Liebe und des Friedens wird mit euch sein. (12) Grüßt euch untereinander mit dem heiligen Kuß. Es grüßen euch die Heiligen alle. (13) Die Gnade unseres Herrn Jesus Christus und die Liebe Gottes und die Gemeinschaft des Heiligen Geistes sei mit euch allen.
2 Kor 13,11–13

Brieftypisches

Mit freundlichen Grüßen und guten Wünschen bleibe ich hochachtungsvoll, Ihr ... (Unterschrift), so ähnlich sieht der Schluß der meisten Briefe aus, die ich schreibe oder empfange. Manchmal wirkt der Abschluß noch um einiges förmlicher und steifer, nur in der privaten Korrespondenz mit guten Freunden kommen eine persönlichere Note und mehr Herzlichkeit hinein.
Daß Paulus sich einerseits an ein antikes Briefformular anlehnt, es andererseits mit biblisch-jüdischen und christlichen Materialien erweitert und nicht zuletzt an die jeweilige Briefsituation anpaßt, haben wir schon zum Eröffnungsparagraphen des Versöhnungsbriefes (2 Kor 1,1–2) erörtert. Auch beim Briefschluß schöpft er aus einem breiteren Repertoire. Dazu zählt ein Gnadenwunsch, manchmal auch ein Friedenswunsch, der Motive aus dem Gruß im Briefpräskript aufnimmt und so eine Klammer um das Briefkorpus legt. Die Aufforderung zum heiligen Kuß (heilig im Unterschied zum erotischen oder profanen), den die Christen als Brüder und Schwestern in der einen neuen Familie Gottes zur Begrüßung und beim Gottesdienst untereinander tauschen, kommt verschiedentlich vor. Er ermöglicht eine besonders herzliche Art des Umgangs miteinander, wie Paulus sie, wäre er zugegen, bei Begrüßung und Abschied selbst angewandt hätte. Ungenannte Mitarbeiter des Paulus oder alle Gläubigen der Gemeinde, in der Paulus den Brief niederschreibt (diese sind hier in Vers 12 mit »allen Heiligen« gemeint), lassen Grüße an die Adressatengemeinde bestellen.

Besonderheiten

Aber gerade im Quervergleich fallen auch schon Besonderheiten im Briefschluß des zweiten Korintherbriefs auf. So stellt sich z.B. der Eindruck einer relativen Knappheit ein, auch wenn man nicht gerade das lange Grußkapitel des Römerbriefs (Röm 16) als Maßstab nimmt. Im Unterschied zum ersten Korintherbrief etwa fehlen alle Eigennamen. Die Grüßenden bleiben anonym. Das heißt, daß das persönliche Moment deutlich zurücktritt, was zur konfliktreichen Ausgangslage paßt. Während die Anrede mit »Brüder« jenen etwas freundlicheren Tonfall aufnimmt, den Paulus im Kampfbrief dort anschlägt, wo er sich gegen Ende hin wieder ausschließlich der Gemeinde zuwendet, klingt in den konkreten Mahnungen so manches Echo aus dem Lasterkatalog auf, dem wir in 2 Kor 12,20 begegnet sind. Wo ständig Animositäten herrschten und Diffamierungen an der Tagesordnung waren, bietet es sich an, zum Frieden und zur Einmütigkeit aufzurufen. »Laßt euch wieder einrenken«, wie ausgerenkte Glieder von einem guten Orthopäden wieder in Ordnung gebracht werden, so könnten wir wörtlich übersetzen, was wir frei wiedergegeben haben mit »kehrt auf den rechten Weg zurück«.

Theologische Vertiefung

Vor allem erreicht der Schlußgruß diesmal eine sonst kaum je realisierte theologische Tiefe. Schon die Prädikation Gottes nicht nur als »Gott des Friedens«, sondern auch als »Gott der Liebe« steht unter den Paulusbriefen singulär da. Das Verhältnis der Zusage, daß der Gott der Liebe und des Friedens mit den Korinthern sein wird, zu den voranstehenden Imperativen wird man dabei besser nicht so interpretieren, als seien die richtigen Verhaltensweisen die Bedingung und die Nähe Gottes der Lohn dafür. Viel eher will Paulus damit sagen, daß dort, wo sich im zwischenmenschlichen Bereich Liebe und Frieden einstellen, Gottes Gegenwart erfahrbar wird, er sich mit seinen Wesenseigenschaften offenbart.

Dreierstrukturen

Das Wort vom Gott der Liebe in Vers 11 weist bereits auf den Schlußsegen in Vers 13 voraus, wo die Liebe Gottes wiederkehrt. Mit dieser dreigliedrigen Schlußformel hat Paulus aus Bestandteilen, die er sonst isoliert verwendet, speziell für diese Kapitel einen machtvollen Schlußakkord geschaffen. Das Gesetz der Dreizahl, dem wir uns in der vorigen Betrachtung zugewendet haben, führt uns hier unvermittelt nahe an das Geheimnis des dreifaltigen Gottes heran. Es würde etwas zu weit führen, hier von einer rundum trinitarischen Aussage im Sinn der späteren Konzilien der Alten Kirche zu sprechen. Dann müßte die ungewohnte Reihenfolge etwas irritieren: Jesus Christus, Gott, Heiliger Geist, und man vermißt dann auch die Prädikate Vater und Sohn. Aber daß sich das, was Paulus hier schreibt, auf solche trinitarischen Reflexionen hin öffnet, wird gleichfalls unbestreitbar sein.

Gnade und Liebe

Daß die Gnade Jesu Christi voransteht, erklärt sich zum einen vom Briefmuster her: »Die Gnade unseres Herrn Jesus Christus sei mit euch« oder ähnlich lautet der übliche Schluß. Aber es gibt dafür jetzt auch einen weiteren Sachgrund, der uns zugleich auf den inneren Zusammenhang der Gnade Jesu Christi mit der Liebe Gottes aufmerksam macht: Die Gnade, die der Herr uns erwiesen hat, beinhaltet seine Menschwerdung, sein Leben, sein Sterben für uns am Kreuz, das uns zum Heile wurde, und in diesem ganzen Geschehen erst hat sich uns erschlossen, daß Gott uns Menschen liebt und was seine Liebe bedeutet. Sehr schön bringt es auch der Römerbrief auf den Punkt: »Gott hat seine Liebe zu uns dadurch erwiesen, daß Christus für uns gestorben ist, als wir noch Sünder waren« (Röm 5,8). Die bleibende Anwesenheit der Liebe Gottes unter uns bestimmt der Römerbrief im gleichen Atemzug als Werk des Heiligen Geistes: »Denn die Liebe Gottes ist ausgegossen in unseren Herzen durch das Wirken des Geistes, der uns gegeben ist« (Röm 5,5).

Geistgestiftete Gemeinschaft

Legt sich von hier aus schon der Einbezug des Geistes in diese Konstellation nahe, so bleibt doch noch offen, was genau Paulus in Vers 13 mit der »Gemeinschaft des Heiligen Geistes« meint. Ist es jene Gemeinschaft, die der Geist als Urheber den Glaubenden schenkt, indem er sie hineinnimmt in das Ereignis der menschgewordenen Liebe Gottes? Oder stellt der Geist die Gemeinschaft der Glaubenden untereinander her? Vermutlich werden wir das komplexe Denken des Apostels nicht auf diese Alternativen einengen dürfen. Im Geist erfährt jeder Getaufte die Liebe Gottes und die Gnade des Herrn Jesus Christus. Aber er sieht sich dadurch auch eingegliedert in die geistgestiftete Gemeinschaft aller Glaubenden, die vor Ort in der Gemeinde realisiert wird, die sodann, die lokalen Gegebenheiten übersteigend, auch *communio* mit den Brüdern und Schwestern an anderen Orten herstellt und die hier vor allem auch den Apostel in der Ferne einschließt. Den Schlußgruß des zweiten Korintherbriefes kennen wir heute als Eröffnungsgruß der Meßfeier (aber auch, nicht zu vergessen, als Lesung am Dreifaltigkeitssonntag). Immer wieder neu entfaltet er somit auch in unseren Tagen seine gemeinschaftsstiftende Kraft, die er bei der Niederschrift durch Paulus und der Verlesung des Briefes in der korinthischen Gemeindeversammlung auszuüben imstande war. Denn trotz aller stürmischen Strecken stehen die Zeichen insgesamt auf Versöhnung, was sich uns vorausgreifend bei der Lektüre der versöhnlichen Passagen in Kapitel 1 bis 7 schon bestätigt hat.

Hinweise zur weiterführenden Lektüre

Vielleicht können die voranstehenden Seiten den einen oder anderen Leser dazu bewegen, sich intensiver mit dem zweiten Korintherbrief auseinanderzusetzen. Es empfiehlt sich dann als nächstes die Arbeit mit einem Kommentar. An einschlägigen Büchern in deutscher Sprache, die für ein breiteres Publikum geschrieben wurden und allgemeinverständlich gehalten sind, seien genannt:

H.J. Klauck, 2. Korintherbrief (Die Neue Echter Bibel. NT 8), Würzburg ³1994.

J. Kremer, 2. Korintherbrief (Stuttgarter Kleiner Kommentar. NT 8), Stuttgart 1990.

F. Lang, Die Briefe an die Korinther (Das Neue Testament Deutsch 7), Göttingen 1986.

G. Voigt, Die Kraft des Schwachen. Paulus an die Korinther II (Biblisch-theologische Schwerpunkte 5), Göttingen 1990.

Darüber hinaus führen die beiden folgenden Werke, die bereits fachwissenschaftlichen Ansprüchen genügen, aber auch nach wie vor von Nichtspezialisten gelesen werden können:

C. Wolff, Der zweite Brief des Paulus an die Korinther (Theologischer Handkommentar zum Neuen Testament 8), Berlin 1989.

F. Zeilinger, Krieg und Friede in Korinth. Kommentar zum 2. Korintherbrief des Apostels Paulus. Teil 1: Der Kampfbrief – Der Versöhnungsbrief – Der Bettelbrief, Wien u.a. 1992.

In den anderen deutschsprachigen Kommentarreihen (Evangelisch-Katholischer Kommentar zum Neuen Testament; Handbuch zum Neuen Testament; Herders Theologischer Kommentar zum Neuen Testament; Kritisch-exegetischer Kommentar über das Neue Testament; Ökumenischer Taschenbuchkommentar; Regensburger Neues Testament) fehlen derzeit leider noch die Bände zum zweiten Korintherbrief. Deshalb bleibt bis auf weiteres unentbehrlich:

H. Windisch, Der zweite Korintherbrief (Kritisch-exegetischer Kommentar 6), Göttingen 1924, Neudruck Göttingen 1970.

Verzeichnis der Schriftlesungen aus dem zweiten Korintherbrief

LESEJAHR A

13,11–13: Dreifaltigkeitssonntag

LESEJAHR B

1,18–22:	7. Sonntag im Jahreskreis
3,1b–6:	8. Sonntag im Jahreskreis
4,6–11:	9. Sonntag im Jahreskreis
4,13 – 5,1:	10. Sonntag im Jahreskreis
5,6–10:	11. Sonntag im Jahreskreis
5,14–17:	12. Sonntag im Jahreskreis
8,7. 9. 13. 10–15:	13. Sonntag im Jahreskreis
12,7–10:	14. Sonntag im Jahreskreis

LESEJAHR C

5,17–21: Vierter Fastensonntag

LESEJAHR A–C

5,20 – 6,2: Aschermittwoch

WOCHENTAGE, LESEJAHR I, IM JAHRESKREIS

1,1–17:	Montag der 10. Woche
1,18–22:	Dienstag der 10. Woche
3,4–11:	Mittwoch der 10. Woche
3,15 – 4,1. 3–6:	Donnerstag der 10. Woche
4,7–15:	Freitag der 10. Woche
5,14–21:	Samstag der 10. Woche
6,1–10:	Montag der 11. Woche
8,1–9:	Dienstag der 11. Woche
9,6–11:	Mittwoch der 11. Woche
11,1–11:	Donnerstag der 11. Woche
11,18. 21b–30:	Freitag der 11. Woche
12,1–10:	Samstag der 11. Woche

COMMUNETEXTE

3,1b–6a: Hirten der Kirche

HEILIGENFESTE

4,1–2. 5–7:	4. April, hl. Isidor
	21. Juli, hl. Laurentius von Brindisi
	3. September, hl. Gregor der Große
	9. Oktober, hl. Johannes Leonardi
	31. Oktober, hl. Wolfgang
4,7–15:	22. Januar, hl. Vinzenz
	25. Juli, hl. Jakobus
	16. September, hl. Kornelius und hl. Cyprian
	19. Oktober, hl. Johannes de Brébeuf u. a.
5,14–20:	7. Januar, hl. Raimund von Penyafort
	23. Oktober, hl. Johannes von Capestrano
5,14–17:	22. Juli, hl. Maria Magdalena
6,1–10:	16. Juni, hl. Benno
6,4–10:	2. Juni, hl. Marcellinus und hl. Petrus
	9. Oktober, hl. Dionysius und Gefährten
8,9–15:	22. Juni, hl. Paulinus von Nola
9,6–10:	10. August, hl. Laurentius
10,17 – 11,2:	13. Dezember, hl. Luzia
	23. August, hl. Rosa von Lima

VERSCHIEDENE ANLÄSSE

3,1b–6a:	Für den Papst
4,1–2. 5–7:	Bei der Spendung der Weihen
	Für die Priester
4,7–11:	Beim Begräbnis Erwachsener
4,10–18:	Für Kranke
4,14 – 5,1:	Beim Begräbnis Erwachsener
4,16b–18:	Bei der Krankensalbung
5,1. 6–10:	Bei der Krankensalbung
	Beim Begräbnis Erwachsener
5,14–20:	Bei der Spendung der Weihen
	Für die Priester
	Um Priesterberufe
5,17 – 6,2:	Um Versöhnung
8,1–5. 9–15:	Für den Fortschritt der Völker
	Bei Hungersnot
9,6–15:	Für den Fortschritt der Völker
	Bei Hungersnot
9,8–11:	Bei der Aussaat
12,7–10:	Für Kranke
13,11–13:	Von der Heiligsten Dreifaltigkeit